“十三五”国家重点图书出版规划项目

国家出版基金项目
NATIONAL PUBLICATION FOUNDATION

汉俄对照中国诗歌系列

Серия «Поэзия Китая, Хрестоматия с параллельными китайско-русскими текстами»

当代诗读本（一）

Современная Поэзия Хрестоматия Ⅰ

主编　谷羽
翻译　[俄]鲍里斯·梅谢里雅科夫
[俄]阿列克谢·菲里莫诺夫
[俄]谢尔盖·托罗普采夫
[乌克兰]娜塔莉娅·切尔内什
谷羽

Составитель　Гу Юй
Переводчики　Борис Мещеряков
Алексей Филимонов
Сергей Торопцев
Наталья Черныш
Гу Юй

天津大学出版社
TIANJIN UNIVERSITY PRESS

图书在版编目（CIP）数据

当代诗读本．一：汉文、俄文 / 谷羽编选；（俄罗斯）鲍里斯•梅谢里雅科夫等翻译．— 天津：天津大学出版社，2020.2

（汉俄对照中国诗歌系列）

ISBN 978-7-5618-6611-5

Ⅰ．①当… Ⅱ．①谷… ②鲍… Ⅲ．①诗集—中国—当代—汉、俄 Ⅳ．① I227

中国版本图书馆 CIP 数据核字（2020）第 018569 号

策划编辑：田　菁
责任编辑：王　夺
装帧设计：谷　越
插　　图：谷　越

当代诗读本（一）
Dangdaishi Duben(Yi)

出版发行：天津大学出版社
地　　址：天津市卫津路 92 号天津大学内（300072）
电　　话：发行部：022-27403647
网　　址：www.tjupress.com.cn
印　　刷：北京盛通印刷股份有限公司
经　　销：全国各地新华书店
开　　本：148mm × 210mm
印　　张：8.25
字　　数：265 千字
版　　次：2020 年 2 月第 1 版
印　　次：2020 年 2 月第 1 次
定　　价：45.00 元

谷羽

诗歌翻译与对照阅读
——《汉俄对照中国诗歌系列》序言

谷　羽

中国有悠久的诗歌传统，诗词作品不断涌现，像黄河长江一样奔流不息，江河源头耸立着《诗经》和《楚辞》。《诗经》中的国风，均采自各地民歌，形式以四言为主。《楚辞》诗句，四六交织，称为骚体。屈原的《离骚》，光耀千秋。汉乐府以五言诗呈现，魏晋南北朝出现了七言诗，题材和诗体渐趋丰富。

中国诗的三座高峰是唐诗、宋词、元曲。唐代诗人在五言、七言古体诗的基础上推出了近体诗，格律严谨、注重平仄调配和对仗，创造了律诗、绝句、排律，从而把格律诗推向了巅峰。词，又称长短句，依据词牌填写，格律多变，便于歌唱，隋唐时期已初现端倪，到宋代达到鼎盛，故称为宋词。曲，与戏剧和音乐相关，依据曲牌填写，与词相比，更多平民性和生活气息，诗句可加衬字，多口语入诗，兴盛于元代，统称为元曲。词、曲的出现，并非取代诗，而是多元并存，共同发展。明清两朝小说兴盛，诗歌开始融入小说。民国期间倡导新文化运动，提倡自由体白话诗，新诗发展至今正好百年。

唐宋元三个朝代七百年间相继涌现了许多天才诗人：李白、杜甫、王维、白居易；苏轼、辛弃疾、李清照、陆游；关汉卿、马致远。这些伟大的名字与日月同辉，他们的名篇杰作世代流传。诗人的生命有限，其作品的艺术生命永恒。历代传世佳作不仅滋润着中国文人的心灵，成为他们的精神家园，而且受到各国汉学家的关注，从 18 世纪起被陆续译为各种外语版本，中国诗词成了世界人民共同享有的文化遗产。

俄罗斯汉学家瓦西里•瓦西里耶夫院士早在 1880 年出版的《中国文学史纲要》一书中就把司马相如、杜甫、李太白和苏东坡的名字跟普希金相提并论。另一位汉学家瓦西里•阿列克谢耶夫院士，指导他的弟子尤•休茨基译唐诗，1923 年出版了《七至九世纪中国抒情诗选》。在这本诗集的序言里，他提出了注重科学性与艺术性的译诗原则和以俄语音步对应汉语音节的译诗方法。

阿列克谢耶夫院士学识渊博，对中国文学有宏观把握，于 1920 年提出了中国典籍翻译提纲，因此俄罗斯汉学家翻译中国诗歌具有系统性。他

Перевод поэзии и хрестоматия

—Предисловие к Серии «Поэзия Китая, Хрестоматия с параллельными китайско-русскими текстами»

Гу Юй

Китайская поэзия имеет долгую традицию, и стихи плывут непрерывающимся потоком, как волны Желтой реки или Янцзы, вздымая из своих глубин «Канон поэзии» и «Чуские строфы». В разделе «Нравы царств» «Канона поэзии» собраны народные песни разных местностей, созданные, преимущественно, в четырехсложном размере. В элегиях «Чуских строф» переплетены четырех- и шестисложные размеры. Тысячи лет не меркнет сияние «Скорби отрешенного» Цюй Юаня. В ханьских песнях *юэфу* появился пятисложный стих, в эпохи Вэй, Цзинь, Северных и Южных династий возник семисловный стих, и постепенно обогащались тематика и поэтика.

В китайской поэзии есть три высокие вершины: танские *ши,* сунские *цы,* юаньские *цюй.* Танские поэты, оставаясь на фундаменте пяти-семисловного размера и «поэзии старого стиля», предложили «поэзию нового стиля» со строгой формой, вниманием к тональному рисунку и к параллелизму строк, писали четверостишия и уставные стихи *люйши* и *пайлюй,* возведя регулярный стих на новую высоту. В жанре *цы* (он именовался также «разноразмерными строками») тексты писали на определенные мелодии для *цы,* размер варьировался, подчиняясь песне; первые ростки этого жанра появились еще во времена Суй и Тан, но расцвели при династии Сун и получили название «сунских *цы*». В жанре *цюй*, связанном с театром и музыкой, тексты писались на определенные мелодии для *цюй,* подобно тому, как это было для *цы,* в них появилось больше простонародного духа и жизненности, в строки разрешалось вставлять слова сверх установленного размера, появилась разговорная манера, что особенно расцвело в период династии Юань, поэтому этот жанр и назвали «юаньские *цюй*». Возникновение *цы* и *цюй* отнюдь не отменили *ши,* они развивались параллельно, формируя многообразие. С расцветом при династиях Мин и Цин романов поэзия внедрилась в них. С началом движения за новую культуру в период Республики возникли стихи свободной формы на разговорном языке, и новая поэзия до сего дня развивается вот уже сто лет.

За 700 лет трех династий Тан, Сун, Юань появилось много талантливых поэтов: Ли Бо, Ду Фу, Ван Вэй, Бо Цзюйи; Су Ши, Синь Цицзи, Ли Цинчжао, Лу Ю; Гуань Ханьцин, Ма Чжиюань. Эти великие имена, яркие, как небесные светила, оставили свои выдающиеся произведения на века. Жизнь поэта имеет предел, художественная жизнь его произведений – безгранична. Замечательные произведения, оставленные нам историей, омыли души китайских литераторов, сформировав их духовное пространство, а также привлекли внимание китаеведов многих

们尊重原作，追求译诗的忠实性和审美情趣，明确反对欧洲文化中心论，反对猎奇心理和居高临下的随意增删。20 世纪 50 到 70 年代相继出现了一批有成就的俄语诗歌翻译家，如施图金、艾德林、瓦赫金、孟列夫、车连义、巴斯曼诺夫。有些诗人跟汉学家合作，也参与到翻译中国古诗的行列里来，阿赫玛托娃、吉托维奇、阿达利斯是其中的佼佼者。他们都为中国诗歌在俄罗斯的传播做出了贡献。

自 1991 年苏联解体以来，计划经济转变为市场经济，出版社由私人经营，经济利益摆在首位，诗歌译本的出版陷入困境。鲍里斯•梅谢里雅科夫翻译的《千家诗》只能放在个人网站上推出。谢尔盖•托罗普采夫花费数年心血译的《李白诗 500 首》不得不自费出版，印数仅有区区 500 册。这跟 20 世纪 50 至 60 年代诗集俄译本印数动辄两三万册形成了鲜明对比。

中国和俄罗斯是友好邻邦。进入 21 世纪以来，两国商业贸易逐步发展，文化交流日益频繁。俄罗斯开设汉语专业的大学有 170 多所，学生 3 万多人。中国开设俄语专业的大学接近 150 所，学生超过 2 万人。他们是中国文化、中国文学和诗歌潜在的读者。两国的学者有责任为他们提供汉俄对照的诗歌读本。

中俄两国学者合作编选翻译诗歌，优势互补，有利于提高翻译质量，翻译当代诗歌，有利于联系版权，让优秀的诗歌作品，跨越民族疆界和语言阻碍，得到更广泛的流传。作品 — 翻译 — 出版 — 读者，是相互连接、密不可分的链条，任何环节出现阻碍，诗歌译本就难以跟读者见面。

从 2011 年开始，我跟俄罗斯汉学家谢尔盖•托罗普采夫、鲍里斯•梅谢里雅科夫、诗人阿列克谢•菲利莫诺夫、乌克兰学者娜塔莉娅•切尔内什等建立了联系，合作翻译诗歌。起初选译中国当代诗，后来也合作编选翻译古代诗词。2015 年得到天津大学出版社支持，《汉俄对照中国诗歌系列》丛书立项。2017 年有幸列入“十三五”国家重点图书出版规划，并得到国家出版基金资助，使梦想有望成真。

诗歌翻译需要对读，就是对照原作，阅读译本，这有利于对原作的理解和欣赏。对读的第二层含义，就是对照原作，阅读同一首诗的不同译本，在对比中发现得失优劣，提高诗歌的鉴赏力和文化素养。本丛书是面向学习俄语的中国大学生、研究生，俄罗斯攻读汉语的大学生、研究生而作，

стран, и с 18 века за рубежом стали появляться переводы на иностранные языки, сделав китайскую поэзию общим культурным достоянием народов мира.

Российский китаевед академик Василий Васильев еще в 1880 году в «Очерке истории китайской литературы» поставил имена Сыма Сянжу, Ду Фу, Ли Тайбо и Су Дунпо рядом с Пушкиным. Другой китаевед академик Василий Алексеев предложил своему ученику Ю.Щуцкому переводить танские стихи, и в 1923 г. они издали «Антология китайской лирики Ⅶ - Ⅸ вв. По Р. Хр.». В предисловии к этому сборнику В.Алексеев акцентировал такие переводческие принципы, как научно-художественный перевод и соответствие русской стопы китайскому ладу.

Академик Алексеев был большим эрудитом, имел широкие познания китайской литературы и в 1920 году предложил программу перевода китайской классики, так что перевод китайской поэзии российскими китаеведами обрел системность. Правдивость и эстетичность как принятые ими базовые принципы четко противостояли европейским культуроцентричным теориям, психологическим вывертам и широко распространенным произвольным искажениям текста. С 1950-х по 1970-е годы в России появилась плеяда успешных китаеведов, занимавшихся поэтическим переводом, - Штукин, Эйдлин, Вахтин, Меньшиков, Черкасский, Басманов. Такие поэты, как Ахматова, Гитович, Адалис, переводили древние китайские стихи по подстрочникам, сделанным для них китаеведами. Все они внесли большой вклад в популяризацию китайской поэзии в России.

После распада Советского Союза в 1991 году плановая экономика в России заменилась рыночной, издательства превратились в частные, главенствующее место заняла экономическая прибыль, и в процессе публикации поэтических переводов появились трудности. Борис Мещеряков смог поместить переведенные им «Стихи тысячи поэтов» лишь в интернете. Сергей Торопцев вынужден был вложить собственные средства в издание много лет с огромным напряжением переводившихся им «Ли Бо. 500 стихотворений», тиражом всего 500 экземпляров. Это несопоставимо с 20-30-тысячными тиражами русских переводов 1950-1960-х годов.

Между Китаем и Россией, друзьями-соседями, вошедшими в 21 век, развиваются торговые отношения, расцветает культурный обмен. В 170 с лишним высших учебных заведениях с преподаванием китайского языка занимаются более 30 тысяч студентов. В почти 150 аналогичных учебных заведениях с русским языком в Китае занимаются свыше 20 тысяч студентов. Все они – потенциальные потребители китайской культуры, китайской литературы и поэзии. Ученые наших двух стран обязаны предоставить им китайско-русские хрестоматии с параллельными текстами.

Сотрудничество и взаимопомощь китайских и российских ученых в отборе и переводе стихотворений способствует повышению качества

充分相信他们的阅读能力，不作过于繁琐的注释，只对生僻汉字加注读音，对人名、典故给予简明扼要的解说。读本附有诗人画像和小传，做到图文并茂。

在这里，我由衷感谢历代诗人为我们留下了大量的名篇杰作，感谢当代诗人的创作，感谢真诚合作的俄罗斯朋友、汉学家和诗人，感谢天津大学出版社社长张树俊先生和编辑姚卫东先生，更要感谢国家批准立项并给予资金扶持，感谢未来热爱诗歌的读者。

限于时间、精力，原文和译作中难免存在疏忽错讹，诚恳期待专家和读者的批评指正。

2017 年 8 月 20 日
于南开大学龙兴里

перевода; при переводе современной поэзии это облегчает урегулирование авторских прав, предоставляя возможность лучшим произведениям преодолевать барьеры национальных границ и языков ради как можно более широкого распространения. Произведение – перевод – издание – читатель: это тесно связанные, неразделимые звенья одной цепи, и препятствия в одном из звеньев затрудняют встречу поэтического перевода с читателем.

Начиная с 2011 года, у меня установились контакты с российскими китаеведами Сергеем Торопцевым, Борисом Мещеряковым, поэтом Алексеем Филимоновым, украинским ученым Натальей Черныш в совместном переводе поэзии. Мы начали с китайской современной поэзии, затем перешли к переводу древней поэзии. В 2015 году при поддержке издательства Тяньцзиньского университета мы подали заявку на серию «Поэзия Китая, Хрестоматия с параллельными китайско-русскими текстами», нам посчастливилось войти в «Государственный план изданий 13-й пятилетки» и получить поддержку Государственного издательского фонда, что сделало наши мечты явью.

Поэтический перевод нуждается в контроле, и чтение перевода параллельно с оригиналом способствует лучшему пониманию оригинала и наслаждению им. Дополнительный смысл параллельного чтения в том, что оно дает возможность несколько иного, по сравнению с переводом, понимания оригинала, открывает в процессе сопоставления текстов какие-то упущения, укрепляет эстетический и культурный слои произведения. Главная цель данной серии хрестоматий в том, чтобы помочь китайским студентам и аспирантам, изучающим русский язык, и российским студентам и аспирантам, специализирующимся на изучении китайского языка, поверить в свои способности к чтению текстов, поэтому мы отказались от сложных комментариев, сосредоточившись на разъяснении произношения редких иероглифов, имен, толковании крылатых слов. Хрестоматии снабжены изображениями и краткими биографиями поэтов.

Здесь мне хотелось бы выразить благодарность поэтам прошлого за оставленные нам замечательные произведения, поэтам, творящим сегодня, российским друзьям, китаеведам и поэтам, за искреннее сотрудничество, директору издательства Тяньцзиньского университета господину Чжан Шуцзюню и редактору господину Яо Вэйдуну, тем более выразить благодарность Государственному фонду, утвердившему нашу заявку и поддержавшему нас, и будущим читателям-любителям поэзии.

С открытым сердцем мы примем замечания специалистов и читателей, корректировку ошибок и небрежностей в оригиналах и переводах, неизбежных в силу ограничений во времени и в наших возможностях.

Написано 20.8.2017 г.
в Лунсинли, Нанькайский университет

细读筛选译新诗

谷　羽

新诗，又称白话诗、自由诗。

胡适是新诗的倡导者。他的《尝试集》1920年出版，是中国第一本新诗集。

郭沫若的诗集《女神》（1921）和闻一多的诗集《红烛》（1923）扩大了新诗的影响。

从新诗在中国诗坛出现，至今已经有百年历史。不同时代都有不少优秀诗人，写出了许多优秀作品。有些作品陆续被翻译成外语。

俄罗斯汉学家阿列克谢耶夫于1924年撰写论文评论胡适的《尝试集》，其中翻译了胡适的《梦与诗》《醉与爱》等8首诗。这大概是最早译成俄语的中国新诗。

另一位俄罗斯汉学家切尔卡斯基，汉语名车连义，先后翻译出版了《雨巷》《五更天》《蜀道难》等多部中国诗集，分别选译了20世纪20—30年代、30—40年代和50—80年代的中国诗歌作品，几十年关注中国诗歌的发展变化，跟踪翻译，令人敬佩。

1989年我在列宁格勒大学进修期间，曾与俄罗斯诗人合作翻译中国当代诗，并有30多首译作在报刊发表。当时还没有版权意识，因而没有跟诗人联系。

从2011年起，我陆续结识了两位俄罗斯汉学家和一位诗人，还有一位乌克兰学者，我们合作译诗。由于有了网络，联系方便，交流迅捷，使得“海内存知己，天涯若比邻”由梦想变成了现实。放在上个世纪，简直不敢想象。我们合作译诗，主要选择的是20世纪80年代以后的作品。

这几年译诗，我跟40多位中国诗人或诗人子女取得了联系，得到了他们寄赠的诗集和翻译授权。我在细读诗作的基础上进行筛选，译出初稿，再寄给我的合作者，由他们斟酌修改，作进一步的诗化处理与提升，以便于俄罗斯读者的阅读与欣赏。

优秀诗歌都具有兴发感动的作用。我选择作品的第一条原则就是使情感要受到触动。由于俄语与汉语分属不同的语系，汉语简洁凝练，而俄语以双音节词与多音节词为主，因此，我所挑选的诗篇大都比较简短，一般不选诗行过长的作品。

Перечитывая «новую поэзию»
и отбирая ее к переводу...

Гу Юй

«Новая поэзия» (кит. синьши), также известна как «стихи на разговорном языке» (кит. байхуаши) и «вольный стих» (кит. цзыюши).

Инициатором этого поэтического движения стал Ху Ши, один из ведущих китайских мыслителей и философов XX века. Его «Сборник опытов», опубликованный в 1920 году, явился первым в истории собранием китайской «новой поэзии».

Поэтическое начинание Ху Ши было вскоре поддержано и развито такими видными литераторами как Го Можо и Вэнь Идо – в сборниках «Богини» (1921) и «Красная свеча» (1923).

Таким образом, история современной китайской поэзии насчитывает уже без малого век. За это время она явила нам немало выдающихся поэтов и замечательных стихов. Некоторые из этих текстов были переведены на иностранные языки.

Уже в 1924 году, авторитетнейший русский советский филолог-китаист В.М. Алексеев опубликовал работу, посвященную «Сборнику опытов» Ху Ши, для которой он перевел восемь стихотворений Ху Ши, среди них – «Сон и поэзия» и «Опьянение и любовь», которые можно считать первыми стихами в этом жанре, переведенными на русский язык.

Другой видный советский филолог-китаист Л.Е. Черкасский в разное время опубликовал несколько собраний «новой поэзии» в своих переводах: «Дождливая аллея» (1969), «Пятая стража» (1975), «Трудны сычуанские тропы» (1983), а также целый ряд других работ, прослеживающих разные исторические периоды развития и становления этого жанра в 20-30-е, 30-40-е и 50-80-е годы XX века. Поэтические переводы Черкасского по праву заслужили искреннее восхищение читателей.

Во время моей стажировки в Ленинградском государственном университете в 1989 году мне посчастливилось сотрудничать с российскими поэтами в области перевода современной китайской поэзии на русский язык. Результатом этого стали более 30 публикаций в различных периодических изданиях. Увы, в отсутствие должной правовой базы все пришлось делать без оглядки на формальное соблюдение норм авторского права.

В 2011 году, мне удалось собрать группу энтузиастов, состоящую из двух российских китаистов-переводчиков, российского поэта и филолога-синолога из Украины, которая начала переводить отобранные мной стихи в жанре «новой поэзии». В наступившую эпоху интернета взаимоудаленность перестала быть проблемой. Китайский поэт Ван Бо когда-то мечтал о

我们选译的《风的形状——中国当代诗选》，2018 年已在圣彼得堡许珀里翁出版社问世。这次编选汉俄对照当代诗读本，在原有基础上进行了修改与补充。

当代诗读本共挑选了 51 位诗人的 332 首诗，分为三册。

第一册入选诗人出生在 1959 年之前。

第二册入选诗人大多数出生在 1960 年之后。

第三册是当代女诗人诗选。

在这些诗集当中，既有著名诗人的杰作，也有年轻诗人的作品，但愿读者能耐心聆听他们独具个性、真诚坦荡的心声。

我们此刻由衷期待的，是倾听读者的反馈、回应、指点与批评。

2019 年 5 月 26 日

том, что «друзей, понимающих друг друга, расстояния только сближают». Сегодня, его и наша мечта воплотилась в жизнь. В минувшем веке такое было бы просто невозможно. В нашей нынешней работе мы сконцентрировались на произведениях эпохи 1980-х и более недавних.

За прошедшие несколько лет мне удалось связаться с более чем 40 китайскими поэтами (или их наследниками), стихи которых я отобрал для перевода и включения в этот трехтомник. Получив согласие правообладателей, я сделал черновой вариант перевода всех стихов и разослал каждому из участников группы его порцию для получения в итоге текстов, которые сможет по достоинству оценить русскоязычный читатель.

Настоящая поэзия всегда обращается напрямую к сердцу человека. Поэтому первым критерием при отборе стихов была для меня их эмоциональность. Следует сказать и о таком важном различии наших языков как стандартная длина слова. Китайские слова значительно короче русских, поэтому при отборе я неизменно отдавал предпочтение тем стихам, где длина китайской строки была относительно невелика. Стихи с большим количеством иероглифов в строке, как правило, откладывались мной в сторону.

За основу при подготовке настоящего исправленного и дополненного двуязычного трехтомного издания была взята наша книга «Контуры ветра. Современная поэзия Китая», вышедшая в Санкт-Петербургском издательстве «Гиперион» весной 2018 года.

В корпус книги вошло 332 стихотворений 51 поэта, разделенные по трем томам:

• 1-й том – поэты, родившиеся до 1959 года.

• 2-й том – большенство поэты, родившиеся после 1960 года.

• 3-й том – современные поэтессы.

Надеюсь, что читая стихи как знаменитых, так и молодых поэтов, собранные в этой книге, читатели смогут по достоинству оценить их неповторимую творческую индивидуальность, честность и искренность.

Мы будем крайне признательны нашим читателям за их отзывы, критику и предложения.

26 мая 2019 года

目

录

СОДЕРЖАНИЕ

汉俄对照中国诗歌系列

当代诗读本（一）

鲁藜（1914—1999），著名诗人，福建同安人。出版有诗集《醒来的时候》《时间的歌》《鹅毛集》《鲁藜诗选》等。

泥土

老是把自己当作珍珠
就时时有被埋没的痛苦

把自己当作泥土吧
让众人把你踩成一条道路

Лу Ли (1914–1999), известный поэт. Родился в уезде Тунъань провинции Фуцзянь. Изданы поэтические сборники: «Когда проснулся...», «Песня времени», «Гусиные перья», «Стихотворения Лу Ли» и др.

Глина

Посчитаешь себя перлом творенья,
всегда печалишься, что незаметен.

Тогда считай, что ты – грязь на просёлке,
пусть толпы прохожих трамбуют тебя.

诗

诗不是酒
供你醉生梦死

诗是水
润泽生命

诗是火
沸腾血液

诗是星星
敌视黑暗

诗是赤心
呼唤光明

诗是花
美化人生

1982 年 5 月

Поэзия

Поэзия – не водка, чтобы с ней
жить во хмелю и умереть во сне.

Поэзия – волшебная вода,
что силу жить дарует на года.

Поэзия – огонь, что вновь и вновь
кипеть заставит стынущую кровь.

Поэзия – от звёзд идущий свет,
у чёрной тьмы над нею власти нет.

Поэзия – открытая душа
взывает к правде, истиной дыша.

Поэзия – невянущий цветок,
чтоб век людской свою красу сберёг.

май 1982 г.

小屋

我的小屋不算小
够我纵横地躺下来休息
晴夜打开小窗
有万古悠悠的星空

我的小屋不算小
够我去拥抱宇宙的交响
那严冬悲壮的暴风雪
那春朝欢乐的小鸟啁啾

我的小屋不算小
够我宁静地去沉思
当我执笔俯伏在小案上
就像鸟瞰于人生的峰巅

Домишко

Мой домишко не так уж мал:
хватит его, чтоб вольготно лечь отдохнуть,
и, окошко ясной ночью открыв,
видеть древнего дальнего неба звёздную россыпь...

Мой домишко не так уж мал:
хватит его, чтоб космическим хорам внимать
и, метели суровой зимы пережив,
наслаждаться пением птичек весенним утром...

Мой домишко не так уж мал:
хватит его, чтобы в тихие думы уйдя,
взять кисть, за письменным столиком сидеть
и из птичьей выси окинуть жизни вершины...

有感

——致丁玲

筛子啊，为什么你颠倒了
多少岁月以来
你总把最美的筛掉了
而把最丑的留下了
你淘汰了珍珠，而留下鱼目
你排斥忠诚，而欢迎了奸邪
你嗜爱着颂扬，而非难着揭露
你天真而虚伪
你喜爱黑暗，而憎恨光明
你嗜好无上的权力，而将思想砍伐
你留下叶子，而砍掉树根

1982 年

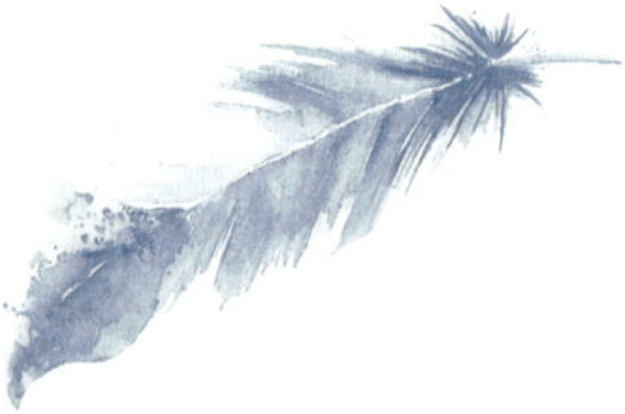

Душевная боль

—Посвящается Дин Лин[1]

О решето! Почему у тебя всё наоборот?
Почему ты годами всегда
отсеиваешь красоту, но оставляешь уродство?
Почему упускаешь жемчужины,
но оставляешь рыбьи глаза?
Почему изгоняешь верность, но привечаешь измену?
Почему так любишь лесть и так злишься на правду?
Ты, простодушное и притворное,
ты, кому так нравится мрак, и кого так пугает свет.
Тебя влечет абсолютная власть,
ты душишь вольную мысль.
На ветвях оставляя листья, ты подрубаешь корни...

1982 г.

1. Дин Лин (1904–1986), китайская писательница.

你千万不要……

你千万不要揭开
那蒙在事物上的帷幕
如果你看清了
那赤裸裸的真实
你将永远悔恨
你曾来到这人世

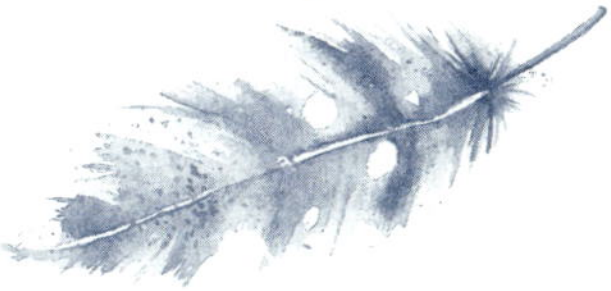

Ты ни за что не смей...

Ты ни за что не смей приоткрывать
полог, под коим упрятана суть вещей.
Если её ты отчётливо разглядишь,
то от вида сей неприкрытой правды
будешь ты вовеки веков сожалеть,
что некогда в этот мир пришёл...

给牧童

亲爱的牧童
是你用短笛吹散了云雾
是你用短笛吹亮了金色的早晨
是你用短笛吹绿了田野
是你用短笛召唤了迷途的羔羊
是你用短笛唤回了我的童心

1983 年

Пастушонку

Дорогой пастушонок
ты свирелью своей разогнал тучи с туманом
ты свирелью своей затеплил золото утра
ты свирелью своей зазеленил поля
ты свирелью своей собрал заблудших ягнят
ты свирелью своей вернул мне детскую душу

1983 г.

小草说

小草说：“春天
我仅仅需要一点绿素
我仅仅需要一捧温暖的阳光
我仅仅需要一片蓝空
我仅仅需要一滴雨露
我仅仅需要一线希望
去开一朵小小的花”
春天微笑着
她从不会去剥夺任何一个生命的权利
因此，大地不断繁荣起来

Травинка сказала...

Травинка сказала: «Весна
дай мне самую чуточку зелени
дай мне пригоршню тёплого солнца
дай мне краешек синего неба
дай мне капельку дождевую
дай мне тоненький лучик надежды
чтобы раскрылся крошечный мой цветок»
Весна слегка улыбнулась
Она никогда никого не лишала права на жизнь
Поэтому мать-земля непрестанно цветёт

夜

在那个不寻常的不幸的漫长的岁月里
像每次放假来到城市里
我喜欢走夜路
我走过那非常熟悉的窗前
在那旁边悄悄立了一会儿
当我听到那些我很爱听的儿童们的欢叫声
我知道他们没有忧愁
我就愉快地走过去
我让那窗内散射出的红色灯光
给我以温暖
于是，我继续向黑暗走去

Ночь

В те небывало несчастные, долгие годы,
каждый раз, возвращаясь в город по выходным,
я любил шагать по ночной дороге,
чтоб, идя мимо так знакомого мне окна,
тайком под ним постоять минутку.
И, с радостью слыша весёлый гомон детей,
я знал, что у них нет тоски.
Тогда счастливый я шествовал дальше,
и красный неяркий свет из того окна
меня согревал теплом,
и так я продолжал идти во тьму.

白杨树

白杨树
你每一片叶子
都托着一滴阳光
因此，你的四肢，每个杈芽
像镶着千千万万颗珍珠
一到深夜，你换上了黑服
在你的浓发上挂着繁星
那银河，像是你胸前的项链
啊，你是光的苦恋者
因此，你才是美的化身

Тополь

Тополь
каждый из листьев твоих
несёт на себе капельку солнца
и потому руки и ноги твои – каждая из ветвей –
будто унизаны тысячами жемчужин,
с приходом ночи ты облачаешься в чёрное
над твоей густой шевелюрой
россыпи звёзд повисают.
Млечный Путь, как на груди у тебя ожерелье.
О тополь! Горький любовник света
ты потому – сам красоты воплощенье...

Перевели с китайского
Борис Мещеряков и Гу Юй

穆旦（1918—1977），原名查良铮，著名诗人、诗歌翻译家，出版有诗集《旗》《探险队》《穆旦诗选》，翻译普希金抒情诗500首、诗体小说《叶甫盖尼·奥涅金》、拜伦的长诗《唐璜》等。

诗八首

1

你底眼睛看见这一场火灾，
你看不见我，虽然我为你点燃；
唉，那燃烧着的不过是成熟的年代。
你底，我底。我们相隔如重山！

从这自然底蜕变底程序里，
我却爱了一个暂时的你。
即使我哭泣，变灰，变灰又新生，
姑娘，那只是上帝玩弄他自己。

Му Дань (1918–1977), псевдоним Чжа Лянчжэна, известный поэт, переводчик поэзии. Издал сборники «Флаг», «Экспедиция», «Избранные стихотворения Му Даня», перевел 500 стихотворений Пушкина, роман в стихах «Евгений Онегин», Поэму Байрона «Дон Жуан» и др.

Восемь стихотворений

1

Твои глаза созерцают это пламя,
Ты не видишь меня, хотя я тобой загорелся;
Ах, то, что горит – всего лишь зрелые годы:
Твои, мои, мы разделены, словно громадные горы!

В этом природном процессе перерождения
Я всё же полюбил тебя сегодняшнюю.
Даже если я плачу, сгораю, сгораю, опять оживаю,
Знаешь, это всего лишь Бог сам с собой играет.

2

水流山石间沉淀下你我，
而我们成长，在死底子宫里。
在无数的可能里一个变形的生命
永远不能完成他自己。

我和你谈话，相信你，爱你，
这时候就听见我底主暗笑，
不断地他添来另外的你我，
使我们丰富而且危险。

2

Среди потока камней выпали ты и я,
Но мы выросли в смертной матке.
Неисчислимы возможности переменчивой судьбы
Никогда не сможешь осуществить самого себя.

Я с тобой разговариваю, верю тебе, люблю тебя,
А в это время уже слышу усмешку Бога,
Он непрерывно рождает новых тебя и меня,
Делая мир богаче, но опаснее.

3

你底年龄里的小小野兽，
它和春草一样地呼吸，
它带来你底颜色，芳香，丰满，
它要你疯狂在温暖的黑暗里。

我越过你大理石的理智殿堂，
而为它埋藏的生命珍惜；
你我底手底接触是一片草场，
那里有它底固执，我底惊喜。

3

Маленький дикий зверёк твоих лет
Дышит, как весенняя трава,
Он несёт твой цвет, запах, совершенство,
Он хочет твоего безумия в жаркой темноте.

Я прошёл твой мраморный дворец разума,
И берегу его потаённую жизнь.
Прикосновение твоей руки к моей, как поле,
В нём такое упрямство и моё восхищение.

4

静静地，我们拥抱在
用言语所能照明的世界里，
而那未成形的黑暗是可怕的，
那可能和不可能的使我们沉迷。

那窒息着我们的
是甜蜜的未生即死的言语，
它底幽灵笼罩，使我们游离，
游进混乱的爱底自由和美丽。

4

Тихо-тихо мы обнимаемся
В мире, освещённом словами,
Но та неоформленная темнота ужасна,
Когда возможное и невозможное затягивает нас.

То, что душит нас
Это сладостное, не рожденное слово,
Душа нависает, заставляет нас высвободиться,
Войти в свободу и красоту хаотичной любви.

5

夕阳西下，一阵微风吹拂着田野，
是多么久的原因在这里积累。
那移动了的景物移动我底心
从最古老的开端流向你，安睡。

那形成了树木和屹立的岩石的，
将使我此时的渴望永存，
一切在它底过程中流露的美
教我爱你的方法，教我变更。

5

Легкий ветерок на закате обдувает поля,
Какие давние причины собраны здесь.
Те смещенные декорации снесли мое сердце
С древнейших начал устремленное к тебе, спи.

То, из чего дерево – как утес, как камень,
Заставляет меня вечно желать этой минуты,
Вся проявленная красота этого процесса учит меня,
как любить тебя, учит меняться.

6

相同和相同溶为怠倦，
在差别间又凝固着陌生；
是一条多么危险的窄路里，
我制造自己在那上面旅行。

他存在，听从我底指使，
他保护，而把我留在孤独里，
他底痛苦是不断地寻求
你底秩序，求得了又必须背离。

6

Подобное в подобном медленно растворяется
В разнице снова сгущается неизвестность;
На этой опасной узкой тропинке,
Я создал себя в путешествии наверх.

Он существует, слушает мои поручения,
Он охраняет, но оставляет меня в одиночестве,
Его страдания в непрерывном поиске
Твоего порядка, получить и надо снова оставить.

7

风暴，远路，寂寞的夜晚，
丢失，记忆，永续的时间，
所有科学不能祛除的恐惧
让我在你底怀里得到安憩——

呵，在你底不能自主的心上，
你底随有随无的美丽的形象，
那里，我看见你孤独的爱情
笔立着，和我底平行着生长！

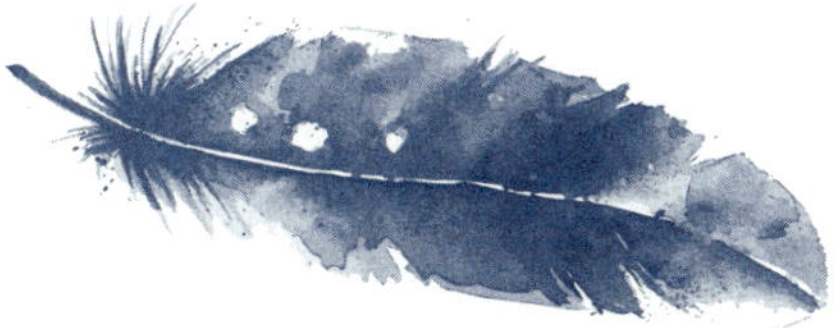

7

Ураган, дальний путь, ночь одиночества,
Утраты, воспоминания, вечное время,
Никакая наука не избавит от страха
Заставляет в тебе тишину найти и покой –

О, в твоём беспомощном сердце,
Твой прекрасный мерцающий образ,
Там увидел я, как твоё одинокое чувство
Прямо держится и с моим параллельно растёт!

8

再没有更近的接近，
所有的偶然在我们间定型；
只有阳光透过缤纷的枝叶
分在两片情愿的心上，相同。

等季候一到就要各自飘落，
而赐生我们的巨树永青，
它对我们的不仁的嘲弄
（和哭泣）在合一的老根里化为平静。

8

Не бывает большей близости,
Всё случайное установлено между нами;
Только солнечный свет сквозь пестрые листья
В тождестве двух согласных сердец рассеется.

Придёт время и каждый плавно полетит по ветру,
А дерево, дающее жизнь, будет вечно зелёным,
Оно по поводу наших бесчеловечных насмешек
(И слёз) В переплетении старых корней успокоится.

智慧之歌

我已走到了幻想底尽头，
这是一片落叶飘零的树林，
每一片叶子标记着一种欢喜，
现在都枯黄地堆积在内心。

有一种欢喜是青春的爱情，
那时遥远天边的灿烂的流星，
有的不知去向，永远消逝了，
有的落在脚前，冰冷而僵硬。

另一种欢喜是喧腾的友谊，
茂盛的花不知道还有秋季，
社会的格局代替了血的沸腾，
生活的冷风把热情铸为实际。

另一种欢喜是迷人的理想，
他使我在荆棘之途走得够远，
为理想而痛苦并不可怕，
可怕的是看它终于成笑谈。

只有痛苦还在，它是日常生活
每天在惩罚自己过去的傲慢，
那绚烂的天空都受到谴责，
还有什么彩色留在这片荒原？

但唯有一棵智慧之树不凋，
我知道它以我的苦汁为营养，
它的碧绿是对我无情的嘲弄，
我咒诅它每一片叶的滋长。

1976 年 3 月

Песня разуму

Я уже достиг конца иллюзий,
Это бедный лес опавших листьев,
Каждый лист отмечен счастьем,
И теперь, пожухнув, сложены в груди.

Есть такое счастье как любовь весенняя,
Когда звезды яркие на дальнем горизонте,
То исчезнут навсегда куда-то,
То под ноги льдом и камнем упадут.

Есть другое счастье – дружба шумная,
Пышные цветы не знают осени,
Вместо трепета душевного – миропорядок,
Холодный ветер страсть повседневностью накрыл.

Другое счастье – идеал пленительный,
Он вынудил идти мучительно и далеко,
Впрочем, страдать за идеал не страшно,
А страшно видеть, что в фарсе его итог.

Осталась лишь горечь в повседневности,
Наказывает меня за высокомерие в прошлом.
Цветущее пространство подверглось осуждению,
В этой пустыне жив какой-нибудь цветок?

И только дерево разума не вянет,
Знаю, моим горьким соком питается,
Его зелень –бесчувственная насмешка над мной,
Каждый новый листик колет упреком.

Март 1976 г.

听说我老了

我穿着一件破衣衫出门，
这么丑，我看着都觉得好笑，
因为我原有许多好的衣衫
都已让它在岁月里烂掉。

人们对我说：你老了，你老了，
但谁也没有看见赤裸的我，
只有在我深心的旷野中
才高唱出真正的自我之歌。

它唱着："时间愚弄不了我，
我没有卖给青春，也不卖给老年，
我只不过随时序换一换装，
参加这场化装舞会的表演。

"但我常常和大雁在碧空翱翔，
或者和蛟龙在海里翻腾，
凝神的山峦也时常邀请我
到它那辽阔的静穆里做梦。"

1976 年 4 月

Слышал, что я постарел

В лохмотьях выхожу из дома
Нелепо так, со стороны смешно,
Ведь раньше были лучшие костюмы
Со временем они уже совсем не то.

Мне люди говорят: ты постарел, ты постарел,
Впрочем, никто раздетым меня не видел,
И лишь в глубине сердечной
Правдивая песня звучит о себе.

Поется: «Времени не обмануть меня,
Не продался ни юности, ни старости,
Всего лишь с годами меняю одежду,
Участвуя в этом маскараде.

Но часто с гусями лечу в лазурные широты неба,
Или в морскую глубину с драконом погружаюсь,
Сосредоточенные горы приглашают
Уснуть среди просторной тишины».

Апрель 1976 г.

停电之后

太阳最好，但是它下沉了，
拧开电灯，工作照常进行。
我们还以为从此驱走夜，
暗暗感谢我们的文明。
可是突然，黑暗击败一切，
美好的世界从此消失灭踪。
但我点起小小的蜡烛，
把我的室内又照得通明：
继续工作也毫不气馁，
只是对太阳加倍地憧憬。

次日睁开眼，白日更辉煌，
小小的蜡台还摆在桌上。
我细看它，不但耗尽了油，
而且残留的泪挂在两旁：
这时我才想起，原来一夜间，
有许多阵风都要它抵挡。
于是我感激地把它拿开，
默念这可敬的小小坟场。

1976 年 10 月

Выключили свет

Лучше пусть останется солнце, но оно садится,
Включаю свет. Работаю как обычно.
Ведь мы думаем, что прогнали ночь,
В душе хвалим прогресс.
Но внезапно все охватил мрак,
С этих пор чудный мир растерял следы.
Я зажег небольшую восковую свечу,
Будет снова моя комната яркой:
Не падаю духом, продолжаю работать,
И только сильнее надежда на солнце.

На второй день открываю глаза, солнце ярче,
Восковая свеча ещё лежит на столе.
Пригляделся к ней, уже догорела,
Но оплыли слезинки с обеих сторон:
И подумал я, этой ночью действительно
Ей пришлось дать отпор всем ветрам.
Благодарно несу её, такой маленький,
Но уважаемый могильный холм.

Октябрь 1976 г.

Перевели с китайского
Наталья Черныш и Гу Юй

曾卓（1922—2002），湖北黄陂人，著名诗人。出版有诗集《门》《悬崖边的树》《给少年们的诗》《老水手的歌》等。

悬崖边的树

不知道是什么奇异的风
将一棵树吹到了那边——
平原的尽头
临近深谷的悬崖上
它倾听远处森林的喧哗
和深谷中小溪的歌唱
它孤独地站在那里
显得寂寞而又倔强
它的弯曲的身体
留下了风的形状
它似乎即将倾跌进深谷里
却又像是要展翅飞翔……

Цзэн Чжо (1922–2002), известный поэт. Родился в уезде Хуанпи провинции Хубэй. Автор поэтических сборников «Врата», «Дерево на краю утеса», «Стихи к юношам», «Песня старого моряка» и др.

Дерево на краю утеса

Неизвестно, что за чудо-ветер
высеял дерево там –
на дальнем конце равнины,
на кромке утёса, у самого края обрыва.
Оно слышит шумы далёкого леса,
и слышит напевы ручья в ущелье.
Оно, стоя там совсем одиноко,
являет своё уныние и упорство.
Его искривлённое тело
хранит очертания ветра.
И кажется: миг – и рухнет оно в ущелье,
но тут же крылья расправит и воспарит…

我遥望

当我年轻的时候
在生活的海洋中，偶尔抬头
遥望六十岁，像遥望
一个远在异国的港口

经历了狂风暴雨，惊涛骇浪
而今我到达了。有时回头
遥望我年轻的时候，像遥望
迷失在烟雾中的故乡

1981 年

Смотрю вдаль

Когда я был молодым,
то в океане жизни иногда поднимал голову,
глядя в даль своего шестидесятилетия – так,
как гляжу на чужую далёкую гавань.

А теперь, когда через все ураганы жизни,
достиг я гавани той, то порою смотрю
на свою далёкую молодость так,
как смотрю на отчий дом в туманной дымке.

1981 г.

青春

让我寂寞地
踱到寂静的河岸去。
不问是玫瑰生了刺，
还是荆棘中却开出了美丽的花，
——我折一支，为你。
被刺伤的手指滴下的血珠，
揩上衣襟：
让玫瑰装饰你的青春，
血渍装饰我的青春。

Весна жизни

Однажды со скуки
отправился я на берег тихой реки.
Я не поинтересовался,
шиповник ли выпустил колючки –
я ветку одну сломал для тебя.
С исколотых пальцев сразу закапала кровь,
я вытер её с одежды:
пусть дикие розы украсят твоей жизни весну,
а пятна крови украсят моей жизни весну.

生活的颜色

一个小朋友问我，
生活是什么颜色？
有时是闪闪桂冠的银色
有时是长夜漫漫的黑色
有时是飞腾火焰的红色
有时是阴霾天空的灰色
有时是浩瀚大海的蓝色
有时是无垠沙漠的黄色
有时是夏日森林的绿色
有时是黄昏薄暮的紫色……
我无法告诉你生活是什么颜色
我不能想象生活只是单一的颜色
它旋转着，旋转着向前
闪射着灿烂的彩色

Цвет жизни

Один знакомый ребёнок спросил меня:
а жизнь – какого она цвета ?
– То серебрится она, как венок из лавра,
то, как долгая ночь, она чернеет,
то в ней краснота стремительного пожара,
то – туманная серость хмурого неба,
то в ней синева бескрайнего моря,
то в ней желтизна безбрежной пустыни,
то зеленеет она, сродни летнему лесу,
то в ней закатных сумерек пурпур...
Я не могу тебе объяснить, какой у жизни цвет.
Мне невозможно представить, что он у неё один.
Всё время крутясь, всё время катясь вперёд,
сверкает она всем многоцветьем красок.

Перевели с китайского
Борис Мещеряков и Гу Юй

绿原（1922—2009），原名刘仁甫，诗人。出版有诗集《又是一个起点》《集合》《人之诗》《我们走向海》等。

航海

人活着
像航海
你的恨，你的风暴
你的爱，你的云彩

Люй Юань (1922–2009), псевдоним Лю Жэньфу, поэт. Издал поэтические сборники «Ещё точка начала», «Сбор», «Поэзия человека», «Мы идём к морю» и др.

Морское плаванье

Человек, твоя жизнь,
Как морское плаванье:
Твоя ненависть, твоя буря,
Твоя любовь, твоё облако.

萤

蛾是死在烛边的
烛是熄在风边的

青的光
雾的光和冷的光
永不殡葬于雨夜
呵，我真该为你歌唱

自己的灯塔
自己的路

Светляк

Умер ночной мотылёк у свечи,
А свеча погасла под ветром.

Синий свет,
Туманный и холодный свет
Не угасает в дождливую ночь –
Ах, для тебя я должен петь песню.

О своем маяке,
О своей дороге.

扬子江

扬子江啊，
你又浑黄了。
浑黄了，何日再澄清？

扬子江啊，
我要同鲫鱼一起
用脚当鳍跟着
你的潮水跑。

扬子江啊，
快点，快点
流到海。

Река Янцзы

О, река Янцзы!
Ты опять становишься мутной.
Мутная, когда же ты будешь прозрачной?

О, река Янцзы!
Мне хотелось вместе с рыбами,
Ногами как плавниками
Следовать за твоими струящимися потоками.

О, река Янцзы!
Скорей, скорей
Беги к морю!

诗人

有奴隶诗人
他唱苦难的秘密
他用歌叹息
他的诗是荆棘
不能插在花瓶里

有战士诗人
他唱真理的胜利
他用歌射击
他的诗是血液
不能倒在酒杯里

Поэт

Есть поэт раб,
Он поёт о тайне бедности,
Его пение жалостливо,
Его стихи – колючие кустарники,
Которые нельзя поместить в вазы.

Есть поэт – боец,
Он поёт о победе правды,
Он стреляет стихотворениями,
Его стихи кровью вылились из жилы,
Эту кровь не собрать в бокалы.

我和你

我和你一同年轻过
赞赏过你的美丽和温柔
我又和你一齐老去
才钦佩你的优秀和勤劳

我们在贫贱中相爱
爱情照茅屋亮如夜明珠
夜明珠须风雨冲洗
风风雨雨一次也不可少

Мы с тобой

Вместе с тобой мы проходили молодость,
Я любовался твоей красотой и нежностью.
Вместе с тобой мы направляемся к старости,
Я восхищаюсь твоим достоинством и прилежностью.

Мы полюбили друг друга в бедной жизни –
Любовь, как ночной жемчуг, осветила нашу хижину.
Ночной жемчуг омывает свежесть ветром и дождём:
Все эти испытания были необходимы.

归属

不必回顾
不管走了多少路
不用知道从哪儿来
但须记住到哪儿去
要以长江为榜样：
虽起源于一条清浅的小溪
却以大海的浩荡为归属

2007 年

Пристанище

Не надо оглядываться назад,
Несмотря на длинную дорогу,
Не надо знать, откуда пришёл,
Необходимо помнить, куда идти,
Возьми пример с реки Янцзы:
Пусть её поток начался из мелкой речки,
Она считает море своим пристанищем.

2007 г.

好不容易（节选）

于是放心走着
像微风吹着
像小溪流着
你的漫步是最自由的

于是任性地想着
像云一样飘着
像星一样亮着
你的诗是最真诚的

于是你和旷野在一起
和没有名字的草木在一起
和沉默的大多数在一起
你的存在是最坚实的

Достичь глубины нелегко (перевели отрывок)

Ты спокойно идёшь –
Так дует лёгкий ветер,
Так течёт речка.
Твоя походка самая вольная.

Ты мыслишь своеобразно –
Так плывёт облачко,
Так сверкает звезда.
Твоя поэзия самая искренняя.

Так ты живёшь вместе с полем,
Вместе с безымянными деревьями и травами,
Вместе с большинством молчаливых людей,
Поэтому твоё существование самое твёрдое.

但切不要悲伤

骚乱的白天过去了
你的心在流血
但切不要悲伤

禁不住泪如泉涌吧
又何妨到野外大哭一场
但切不要悲伤

流血的心是有生命的
像那棵被锯断的老树根一样
但切不要悲伤……

明天照样出太阳
田野里照样有花香
所以切不要悲伤

Однако не стоит печалиться

Мятежный день прошёл,
Сердце твоё кровоточит,
Однако не стоит печалиться.

Пусть слёзы льются, как родник,
Лучше выйти в поле и разрыдаться вволю,
Однако не стоит печалиться.

Обливающееся кровью сердце живёт,
Как распилённый корень старого дерева,
Однако не стоит печалиться...

Завтра ещё взойдёт солнце,
Над полем будет аромат цветов,
Поэтому не стоит печалиться.

不是奇迹

话说某年某月某日，
人间忽然发出了一片抽泣，
抽泣变成了一团怀疑，
怀疑变成了一阵耳语，
耳语变成了一声霹雳，
霹雳变成了一座花海，
花海变成了一滩鲜血，
鲜血变成了一堆烈火，
熊熊的烈火变成了无穷无尽愤怒的微粒，
充塞着全中国的空气……

1976年

Это не чудо

Говорят, такого-то дня такого-то месяца такого-то года
Среди людей вдруг разразился плач,
Плач превратился в сомнения,
Сомнения превратились в шёпоты,
Шёпоты превратились в громы,
Громы превратились в море цветов,
Море цветов превратилось в потоки крови,
Потоки крови превратились в полыхание огней,
Полыхание огней превратилось
в бесчисленность пылинок,
Плывущих в воздухе моей страны...

1976 г.

访贝多芬故居波恩

踏着咯吱咯吱的地板，
走进一间坡顶的小阁楼，
就会听见一阵婴儿的啼哭——
那啼哭是恼怒的，
它在以生命抗议
光太暗，
空间太小，
周围太嘈杂。
于是它饱含着热泪
在室内回旋，回旋……
穿过一座古旧低哑的小钢琴，
变成一个个音符，一阕阕乐章
冲出了窗口，向四方飞翔；
飞到花园，教玫瑰低头，
飞到街头，教马车停步，
飞到维也纳，教绅士淑女惶惑，
飞到世界的各个角落
教一切受难的心得到抚慰……
但它的最后一个音符
仍然是恼怒，仍然是抗议
光太暗，
空间太小，
周围太嘈杂。

Посещение музея Бетховена в Бонне

Поднявшись по скрипящим ступням,
Я вошёл в маленькую чердачную комнату,
Услышал плач ребёнка,
Его гневный плач,
Он жизнью протестовал против того,
Что свет слишком неярок,
Пространство чересчур тесно,
А вокруг невыносимо шумно.
Поэтому звук плача со слезами
Кружился и кружился в комнате,
Посредством старого низкого рояля
Превратившись в ноты и музыку,
Они вырвались из окна и разлетелись в разные стороны,
Улетели в сады – розы поклонились,
Улетели по улицам – остановились экипажи,
Улетели в город Вену – леди и джентльмены растерялись.
Разлетелись по уголкам всего мира,
Утешая сердца страдающих людей...
Однако последняя нота,
Столь гневная, ещё протестовала, ибо
Свет слишком неярок,
Пространство чересчур тесно,
А вокруг невыносимо шумно.

Перевели с китайского
Алексий Филимонов и Гу Юй

牛汉（1923—2013），著名诗人、作家，蒙古族，山西定襄人。出版有诗集《彩色的生活》《爱与歌》《海上蝴蝶》《沉默的悬崖》《牛汉诗选》等，还有散文随笔集。

生命

一

头发在向上生长，又直又硬，
骨头也在向上生长，又直又硬。

1946年春，
汉中监狱

二

五十多年以后，
头发脱得几乎净光，
仍一根一根地向上生长，
又直又硬，仿佛生出了骨头。

1999年12月

Ню Хань(1923–2013), известный поэт и писатель, родился в уезде Динсяне провинции Шаньси, национальности Монгол. Автор сборников стихотворений: «Цветная жизнь», «Любовь и песни», «Бабочки над морем», «Молчаливый утес», «Избранная лирика Ню Ханя»и лр, а также собрания эссе.

Жизнь

1

Волосы растут вверх, и прямы и крепки,
кости тоже растут вверх, и прямы и крепки.
Весна 1946 г.
В тюрьме города Ханьчжуна

2

Прошло пятьдесят лет,
волосы почти все выпали,
но те, что остались, растут вверх,
и прямы и крепки, как выросшие кости.
Декабрь 1999 г.

根

我是根。

一生一世在地下
默默地生长，
向下，向下……
我相信地心有一个太阳。

听不见枝头鸟鸣，
感觉不到柔软的微风，
但是我坦然
并不觉得委屈烦闷。

开花的季节，
我跟枝叶同样幸福，
沉甸甸的果实，
注满了我的全部心血。

1973 年

Корень

Я – корень.

Всю жизнь вглубь земли
безмолвно расту,
все ниже, ниже...
я верю, что есть в центре Земли – солнце.

Не слышу пения птиц на ветвях,
не ощущаю дыхания ветерка,
однако я спокоен
не чувствую ни обиды, ни унынья.

В пору цветенья
я вместе с ветвями и листьями счастлив,
увесистые плоды
напоены всей кровью моего сердца.

1973 г.

麂子

远远的
远远的
一只棕红色的麂子
在望不到边的
金黄的麦海里
一蹿一蹿地
似飞似飘
朝这里奔跑

四面八方的人
都看见了它
用惊喜的目光
用赞叹的目光
用担忧的目光

麂子
远方来的麂子
你为什么生得这么灵巧美丽
你为什么这么天真无邪
你为什么莽撞到离开高高的山林
五六个猎人
正伏在草丛里
正伏在山丘上
枪口全盯着你

哦，麂子
不要朝这里奔跑

1974 年初夏

Кабарга

Далеко
далеко
бурая кабарга
в неоглядном море
золотистой пшеницы
большими прыжками
будто летит, будто плывет
несясь в нашу сторону

Люди отовсюду
провожают взглядом её
с удивлением
с восхищением
с беспокойством

Кабарга
издалёка бегущая кабарга
почему ты так изящна и так красива
почему так невинно наивна
почему так неосторожно
ты покинула лес высоко в горах
полдесятка охотников
затаившись в траве
прячась среди холмов
ловят тебя в прицелы ружей

О, кабарга
не беги в эту сторону

Начало лета 1974 г.

我是一颗早熟的枣子

童年时，我家的枣树上，总有几颗枣子红得特别早，祖母说："那是虫咬了心的。"果然，它们很快就枯凋。

——题记

人们
老远老远
一眼就望见了我

满树的枣子
一色青青
只有我一颗通红
红得刺眼
红得伤心

一条小虫
钻进我的胸腔
一口一口
噬咬着我的心灵

我很快就要死去
在枯凋之前
一夜之间由青变红
仓促地完成了我的一生

不要赞美我……
我憎恨这悲哀的早熟
我是大树母亲绿色的胸前
凝结的一滴
受伤的血

我是一颗早熟的枣子
很红很红
但我多么羡慕绿色的青春

1982年秋

Я – до срока поспевший финик

В моем детстве, на нашем финиковом дереве всегда было несколько плодов, которые краснели раньше других. Бабушка говорила: “Их сердцевину погрызли черви.” И действительно, такие плоды вскоре засыхали и падали наземь.

– Вместо эпиграфа

Люди
издалека
сразу меня разглядели

На всем дереве финики
одинаково зелены
один лишь я покраснел
красный до рези в глазах
красный до боли в душе

Один червячок
мне в грудь проник
и в одиночку
исподволь гложет мне душу

Должно быть, я скоро умру –
в ночь пред тем, как засохнуть,
превращусь из зеленого в красный
и вот до срока жизнь завершилась

Не воспевай меня...
я ненавижу эту печально раннюю спелость
я – на зеленой груди материнского древа
засохшая капля крови
из нанесенной раны

Я – до срока поспевший финик
такой красный, такой красный…
но как же завидую я зеленой юности

Осень 1982 г.

蝴蝶梦

那些年
多半在静静的黎明
我默默地写着诗
又默默地撕了
撕成小小的小小的碎片
（谁也无法把它复原）
一首诗变成数不清的蝴蝶
每一只都带有一点诗的斑纹
（谁也休想把它破译）
它们乘着风
翩翩地飞到了远方

1973 年
1987 年修改

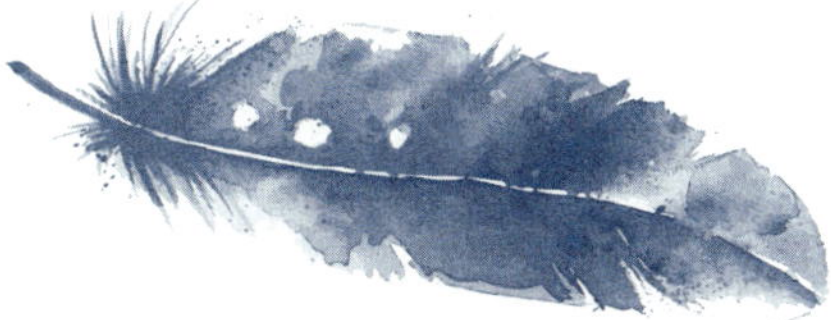

Сон бабочек

В те годы
много раз в тишине раннего утра
я молча писал стихи
И молча рвал написанное
рвал в клочки, мелко-мелко
(чтобы уже не собрать)
Каждое стихотворение превращалось
    во множество бабочек
И у каждой узор поэтический был своим
(чтобы не расшифровать)
Они ловили ветер
и, трепеща-порхая, улетали в далекий край

1973 г.

Исправленно в 1987 г.

海上蝴蝶（节选）

几十年来，我遇到过不少无法解释的奇迹。

——题记

几只黄色小蝴蝶
在渤海湾茫茫的浪涛上飞翔
不是贴着岸边飞，
是朝远远的大海飞去，飞去！
它们忽上忽下
很像矫健的海鹰。

Бабочки над морем (перевели отрывок)

За множество прожитых лет мне
повстречалось немало необъяснимых чудес.
– Вместо эпиграфа

Несколько маленьких жёлтых бабочек
летят над волнистой ширью залива Бохай,
и вовсе не вдоль побережья летят,
а дальше-дальше прочь от него, прочь от него!
То резко вверх, то резко вниз
летят отважно они, как морские ястребы.

羽毛

冬天，黄昏
窄细的小巷里

我的面前
一片棕色的羽毛
在飕飕的冷风中
梦幻般飞旋，活泼泼地

它越过一堵斑驳的泥墙
从枣树尖顶飞过
像鸟一样昂起头
升向灰灰的天空

我相信：它是一片
鹰的羽毛

1975 年冬

Пёрышка

Зимою, в сумерках
в узком переулке

Передо мной
бурое пёрышко
кружится на холодном ветру
порхая, словно во сне, живо-проворно

Через глинобитную стену в пятнах,
через верхушку финиковой пальмы перелетев,
как птица, подняв голову,
плывёт оно к серому небу

Верю: это
перо орла

Зима 1975 г.

希望

谁的心里都有个洞穴
希望是一只鸟
藏在这幽深的洞穴里

生性好飞的希望闷得慌
不停地振翼和冲撞
它有尖尖的喙
啄着颤动的心房

希望冲出了心灵
羽翼是血红的
它在天空飞成了一道彩虹。

1985 年 7 月

Надежда

У каждого в сердце есть нора
надежда, как птица
таится в этой глубокой норе

Надежде, летать привыкшей, там тоскливо
то и дело она крыльями бьёт
острым клювом своим
клюёт дрожащую стенку сердца

Надежда вылетела из сердца,
крылья её красны от крови
в небе она нарисовала радугу.

Июль 1985 г.

夜

关死门窗
觉得黑暗不会再进来

我点起了灯

但黑暗是一群狼
还伏在我的门口

听见有千万只爪子
不停地撕裂着我的窗户

灯在颤抖
在不安的灯光下我写诗

诗不颤抖！

1997 年 1 月

Ночь

Затворил плотно дверь и окно
думаю, мрак не сможет сюда войти

Я зажигаю лампу

Но мрак, как стая волков
притаился за дверью моей

Слышу, как мириады когтей
царапают непрестанно моё окно

Огонёк лампы трепещет
в беспокойном свете я слагаю стихи

Но в этих стихах трепета нет!

Январь 1997 г.

一生的困惑
——一首难以定稿的诗

有人断言：
面孔朝向天堂，
脚步总走进地狱。
我始终不相信。
让我不解的是：
我的面孔一直朝向地狱，
而脚步为什么迈不进天堂？

初稿于20世纪70年代末

Сомнение всей жизни
– Стихи, давшиеся мне с трудом

Кто-то твердит:
обращая лицо к раю,
мы всегда сходим в ад.
Я никогда в это не верил.
Всё же одно мне непонятно:
меня, всегда лицезревшего только ад,
почему ноги никак не приведут в рай?

В конце 70-х гг. 20 века

Перевели с китайского
Борис Мещеряков и Гу Юй

孔孚（1925—1997），诗人，出生于山东曲阜。出版有诗集《山水清音》《孔孚山水诗选》等。

母与子

见到海
眼泪就流出来了
我怕是海的儿子
泪水也咸咸的呀

Кун Фу (1925–1997), поэт, родился в городе Цюйфу провинции Шаньдун. Опубликованы его сборники: «Гор и вод чистый звук», «Пейзажи глазами Кун Фу» и др.

Мать и сын

Увидел море,
И слёзы из глаз потекли.
Неужто я моря сын?
Ведь солоны слёзы мои.

渤海印象

我寻找黄河
连条线也不见
在这里它缩成一个音符
颤动着

Впечатления от залива Бохай

Ищу реку Хуанхэ,
Но даже следа от неё не вижу.
Единственной нотой сошло на нет
Её трепетанье...

泉边

掬一捧水
洗一洗眼睛
心也绿了

У родника

Зачерпнув полную пригоршню,
Промываю водой глаза –
И душа свежеет.

崂山

太阳醒啦
崂山笑他
蓬松着金色的头发

Гора Лаошань

Солнце проснулось.
Лаошань смеётся над ним,
Взъерошив золотистые волосы...

无字碑前小立

我还是看到了太阳的手迹
还有风的刀痕
爬一条青虫
在读

Немного постоял перед могильным камнем без надписи

Всё ж разглядел на нём росчерки солнца
И от кинжальных ветров шрамы.
Ползёт по нему зелёная гусеница:
Читает.

香积寺路上

蓦地有天竺之香袭来
白云中游数尾木鱼

По дороге к Храму сгущения ароматов

Накатили внезапно волны
индийских благоуханий.
В белизне облаков плавают стайкой
«деревянные рыбы»[1].

1. Деревянная рыба (木鱼 mùyú) : деревянное било в форме рыбы или безногого краба, на котором отбивается такт при чтении молитв.

峨眉风

它喜欢音乐
吹三千灵窍
还是位书法家
善写狂草
似乎又有些孩子气
摸一下佛头就跑

Ветер эмэйских гор

Он музыку любит,
Искусен в игре на тысячах тысяч свирелей.
А ещё он – отменный каллиграф,
Мастер стиля «*куанцао*»[1],
Шалящий, словно мальчишка:
Потреплет Будду по голове – и наутёк.

1. *Куанцао: Бешеная скоропись(狂草 kuángcǎo), стиль экстремальной каллиграфии, основанный на свободном выплеске подсознания.*

扬州印象

无赖的月
放荡的风
没完没了的梦
1988年

Впечатления от Янчжоу

Луна-бесстыдница
Ветер-распутник
Непрерываемый сон

1988 г.

扬州

梦都老了
扬州仍很年轻

无可奈何
是瘦

1988 年

Город Янчжоу

Даже грёзы, и те состарились,
А ты, Янчжоу, по-прежнему молод.

И, что тут поделаешь,
Всё так же худ.

1988 г.

赠钱锺书

你随意行走
不在意地撒一路珠子

一玄鸟啄衔一颗
种于太空

有暗香阵阵
透过云层

1989 年 4 月 27 日

Написал в дар Цянь Чжуншу[1]

Ты идёшь вольной поступью,
Жемчуга безотчётно по пути рассыпая.

Волшебная птица, склевав одно зерно
Высевает его в небе.

И волны тончайшего аромата
Проникают сквозь облака.

27 апреля 1989 г.

Перевели с китайского
Борис Мещеряков и Гу Юй

1. ЦяньЧжуншу (1910–1998), выдающийся ученый, писатель.

余光中（1928—2017），著名诗人、翻译家，祖籍福建永春。1952年台湾大学外文系毕业，1958年赴美留学。出版有《乡愁》《天狼星》《梦与地理》等三十多部诗集。

乡愁

小时候，
乡愁是一枚小小的邮票，
我在这头，母亲在那头。

长大后，
乡愁是一张窄窄的船票，
我在这头，新娘在那头。

后来啊，
乡愁是一方矮矮的坟墓，
我在外头，母亲在里头。

而现在，
乡愁是一湾浅浅的海峡，
我在这头，大陆在那头。

Юй Гуанчжун (1928–2017), выдающийся поэт, родился в уезде Юньчунь провинции Фуцзяни. В 1952 году закончил факультет иностранной литературы Тайваньского университета. В 1958 году отправился на стажировку в Америку. Вышли в свет больше тридцати сборников, среди них «Тоска по родине», «Сириус», «Сон и география» и др.

Ностальгия

В детстве
Ностальгия была маленькой маркой.
Я здесь, а мама там.

В зрелые годы
Ностальгия была узким билетом на лодку.
Я здесь, а невеста там.

А потом
Ностальгия стала низкой могилой.
Я вне, а мама внутри.

А сейчас
Ностальгия – мелкий морской пролив.
Я здесь, а материк там.

乡愁四韵

给我一瓢长江水啊长江水
酒一样的长江水
醉酒的滋味
是乡愁的滋味
给我一瓢长江水啊长江水

给我一掌海棠红啊海棠红
血一样的海棠红
沸血的烧痛
是乡愁的烧痛
给我一掌海棠红啊海棠红

给我一片雪花白啊雪花白
信一样的雪花白
家信的等待
是乡愁的等待
给我一片雪花白啊雪花白

给我一朵腊梅香啊腊梅香
母亲一样的腊梅香
母亲的芬芳
是乡土的芬芳
给我一朵腊梅香啊腊梅香

Четыре строфы ностальгии

Дай мне ковш воды, ах, ковш воды из реки Янцзы,
Как вино, вода из реки Янцзы,
Пьянит на вкус,
Это вкус ностальгии.
Дай мне ковш воды, ах, ковш воды из реки Янцзы.

Дай мне лист красной бегонии, ах бегонии,
Как кровь, красна бегония,
Ожог от её кипящей крови,
Это ожог ностальгии.
Дай мне лист красной бегонии, ах бегонии.

Дай мне хлопья белых снежинок, ах снежинок,
Как письмо, белые снежинки,
Ожиданье письма,
Это ожиданье ностальгии.
Дай мне хлопья белых снежинок, ах снежинок.

Дай мне аромат зимней сливы, ах сливы,
Как материнский, аромат зимней сливы,
Материнский аромат,
Это аромат ностальгии.
Дай мне аромат зимней сливы, ах сливы.

昨夜你对我一笑

昨夜你对我一笑，
至如今余音袅袅，
我化作一叶小舟，
随音波上下飘摇。

昨夜你对我一笑，
酒窝里掀起狂涛，
我化作一片落花，
在窝里左右打绕。

昨夜你对我一笑，
啊！
我开始有了骄傲，
打开记忆的盒子，
守财奴似的，
又数了一遍财宝。

Вчера ночью ты мне улыбнулась

Вчера ночью ты мне улыбнулась,
До сих пор очарование неиссякаемо,
Я, превратившись в маленькую лодку,
Качаюсь на звучных волнах.

Вчера ночью ты мне улыбнулась,
В ямочках вспенились буйные валы,
Я превратился в упавший цветок,
Кружащийся в водовороте ямочек.

Вчера ночью ты мне улыбнулась,
О!
Я возгордился,
Открыл ящик памяти,
Как скряга,
Пересчитал ещё раз сокровища.

灵感

你光彩照人的热带小鸟，
欢喜在我头顶来回飞绕。
每次在我的掌中挣脱，
只落下一片蓝色的羽毛。

我把它拾起插在帽边，
行人看到都异常惊羡。
哦，我怎能捉回飞去的小鸟，
让他们像我样看个完全！

Вдохновение

Блестящая тропическая птичка
Любит кружиться над моей головой.
Каждый раз улетает из моих рук,
Оставляет лишь голубое перо.

Я венчаю шляпу птичьим пером,
Прохожие глядят с удивлением.
О, когда бы я мог получить её обратно,
Чтобы птичка была видна всем.

我之固体化

在此地，在国际的鸡尾酒里，
我仍是一块拒绝融化的冰——
常保持零下的冷
和固体的坚度。

我本来也是很液体的
也很爱流动，很容易沸腾，
很爱玩虹的滑梯。

但中国的太阳距我太远
我结晶了，透明且硬，
且无法自动还原。

Я превратился в твёрдый лёд

Здесь, в зарубежном коктейле,
Я стал нетающим льдом –
Сохранил в себе холод ниже нуля
И постоянство твёрдого предмета.

А раньше был подобен жидкости,
Любил текучесть, легко закипал,
Мне нравилось кататься по радуге.

Но солнце Китая далеко от меня,
Так я превратился в кристалл, прозрачный и твёрдый,
Не смог снова стать самим собой.

母难日

今生今世，
我最忘情的哭声有两次，
一次，在我生命的开始，
一次，在你生命的告终，
第一次，我不会记得，是听你说的，
第二次，你不会晓得，我说也没用，
但两次哭声的中间啊，
有无穷无尽的笑声，
一遍一遍又一遍，
回荡了整整三十年，
你都晓得，我都记得。

День материнской беды

За жизнь и за весь век
Два раза плакал незабываемо,
Первый – в начале моей жизни,
В другой раз – при твоей смерти,
Первый плач не запомнил, слышал твой рассказ,
Про второй раз ты не узнаешь, зачем мне говорить.
Но между этими двумя плачами
Смеялись мы с тобой бесчисленное число раз,
Много раз повторяясь,
Звук смеха плывёт тридцать лет,
Это ты знаешь хорошо, я всё это помню.

Перевели с китайского
Алексей Филимонов и Гу Юй

流沙河，著名诗人，作家，原名余勋坦，1931年出生于四川金堂县。著有诗集《农村夜曲》《故园别》《独唱》《流沙河诗集》，散文集《游踪》《流沙河随笔》《庄子现代版》等。

故园六咏

吾家

荒园有谁来？
点点斑斑，
小路起青苔。
金风派遣落叶，
飘到窗前，
纷纷如催债。

失学的娇女牧鹅归，
苦命的乖儿摘野菜。
檐下坐贤妻，
一针针为我补破鞋。
秋花红艳无心赏，
贫贱夫妻百事哀。

Люша Хэ, поэт и писатель. Настоящее имя Юй Сюньтань. Родился в 1931 году в уезде Цзиньтан провинции Сычуаня. Изданы сборники стихов: «Ночная мелодия в деревне», «Вдали от родного дома», «Соло», «Сборник поэзии Люша Хэ» и прозаические произведения «Следы странствий», «Записки Люша Хэ», «Современная редакция Чжуанцзы» и др.

Шесть песней об отчем доме

Моя семья

Кто же зайдёт в этот запущенный сад?
Узором дождинок – то тут, то там
пророс сквозь тропинку зелёный мох.
Западный ветер шлёт опавшие листья,
и те кружатся перед нашим окном,
словно ворох писем от кредиторов.

Оставив школу, любимица-дочь пасёт гусей,
бедняжка-сынок ищет съедобную зелень.
Сев под навесом крыши, надёга-жена
стежок за стежком латает мужнину обувь.
Румянец осенних цветов не услаждает душу,
на горемык-супругов свалились сотни печалей.

焚书

留你留不得，
藏你藏不住。
今宵送你进火炉，
永别了，
契诃夫！

夹鼻眼镜山羊胡，
你在笑，我在哭。
灰飞烟灭光明尽，
永别了，
契诃夫！

Сжигаю книги

Сохранить тебя не сумею,
и спрятать тебя не удастся.
Этой ночью в печку тебя отправлю,
и расстанусь с тобой навеки,
мой Чехов!

Пенсне, усы и бородка,
ты смеёшься, – а я в голос рыдаю.
Всё – сгорел, канул бесследно, свет исчерпав,
я навеки с тобой простился,
мой Чехов!

中秋

纸窗亮，负儿去工场。
赤脚裸身锯大木，
音韵铿锵，节奏悠扬。
爱他铁齿有情，
养我一家四口；
恨他铁齿无情，
啃我壮年时光。

啃完春，啃完夏，
晚归忽闻桂花香。
屈指今夜中秋节，
叫贤妻快来窗前看月亮。
妻说月色果然好，
明晨又该洗衣裳，
不如早上床。

Праздник середины осени

Посветлела бумага в окне; я, взяв на закорки сына, иду в мастерскую,
там босой и полуголый, распускаю на пилораме брёвна на доски.
Поёт пила: инь-юнь, кан-цян, цзе-цзоу, ю-ян.
Люблю задор зубьев её железных,
что кормят нашу семью – четырёх едоков;
ненавижу злобу её железных зубов, –
ведь сгрызли они лучшие годы моей жизни.

Сгрызли мою весну, сгрызли моё лето;
возвращаюсь под вечер – вдруг аромат: цветёт корица.
Совсем позабыл – сегодня ж Осенний Праздник Луны!
Зову: дорогая, иди скорей – под окном полюбуемся лунным сияньем.
А жена в ответ: луна и вправду красива,
но завтра с утра большая стирка затеяна мной,
– уж лучше я лягу спать пораньше.

哄小儿

爸爸变了棚中牛，
今日又变家中马。
笑跪床上四蹄爬，
乖乖儿，快来骑马马！

爸爸驮你打游击，
你说好耍不好耍？
小小屋中有自由，
门一关，就是家天下。

莫要跑到门外去，
去到门外有人骂。
只怪爸爸连累你，
乖乖儿，快用鞭子打！

Играю с маленьким сыном

Папа твой, переродившись в “призрак с бычьими рогами”,
нынче смирною лошадкой для тебя желает стать.
Вот он встал на четвереньки, на кровать залез с ногами
и смеётся: поскорее начинай на мне скакать!

Будешь ты верхом на папе к партизанской жизни годным,
отвечай, малыш, скорее – будешь так со мной играть?
В нашем крохотном домишке ощутишь себя свободным,
дверь запрёшь и Поднебесной будешь этот кров считать.

Только вот совсем не сто́ит за ворота отправляться,
за воротами есть люди, что начнут тебя ругать.
Так что обвиняй лишь папу, мой сынок, в своих несчастьях,
поскорей за это папу нужно плёткой отстегать.

芳邻

邻居脸上多春色，
夜夜邀我作客。
一肚皮的牢骚，
满嘴巴的酒气，
待我极亲热。

最近造反当了官，
脸上忽来秋色。
猛揭我的“放毒”，
狠批我的“复辟”，
交情竟断绝。

他家小狗太糊涂，
依旧对我摇尾又舔舌。
我说不要这样做了，
它却听不懂，
语言有隔阂。

Добрый сосед

Лицо соседа цвело в весенних улыбках,
когда вечерами он в гости меня приглашал.
Хоть вечно внутри он был всем недоволен
и плакался мне, дыша перегаром винным,
казалось: нет у него друга ближе, чем я.

Но только лишь он возглавил отряд цзаофаней,
лицо его стало вдруг по-осеннему хмурым.
Теперь он бичует меня как «отравителя»,
разоблачает как «контрреволюционера»,
и всей нашей «дружбе» разом пришёл конец.

А вот собачка соседа – умом не вышла она,
по-прежнему, видя меня, виляет хвостом и лижет мне руки.
Я говорю ей: фу! не делай так больше, –
да разве ж она поймёт?
– Нас разделил языковой барьер.

乞丐

门外谁呼唤？
河南父老，逃荒来讨饭。
“俺们不是坏人！”
怀中掏出证件。

东家端来剩菜汤，
西家端来陈饭。
儿学英文识 beggar[①]，
这回亲眼看见。

愧我书生无能，
敢怒不敢言。
呼儿送去冷红薯，
羞见父老，掩门一声叹。

① 英语，乞丐之意。

Нищий

Кто за воротами дома хозяев зовёт?
Старик из голодной Хэнани просит на пропитание:
«сами мы честные – не проходимцы!» –
клянётся, достав из кармана справку с печатью.

Сосед справа остатки зелёных щей в миске несёт,
тот, что слева, – даёт вчерашний варёный рис.
Сын-школьник смотрит в словарь, – ага, beggar! –
нынче такого увидев своими глазами.

Стыжусь себя – неспособного интеллигента,
что возмущаться может лишь втихомолку.
Прошу сына: иди – снеси варёный батат,
стыдно смотреть, – вздохнув, закрываю дверь.

Перевели с китайского
Борис Мещеряков и Гу Юй

木斧，原名杨莆，诗人，回族，1931 年出生于成都。著有诗集《醉心的微笑》《缀满鲜花的诗篇》《书信集》等。

痛苦

洞开你的心房，放我进来
即使是零下九十度的冰凉
即使是火山口上的喷浆
2001 年 9 月

Му Фу, псевдоним поэта Ян Пу, национальности Хуэй. Родился в 1931 году в городе Чэнду. Вышли сборники стихотворений «Пьяная улыбка», «Стихи сочиняющиеся свежими цветами», «Письма» и др.

Мука

Открой сердечную дверь, позволь мне войти,
Пусть холодно, девяносто градусов ниже нуля,
Пусть кипящая магма вырывается из вулкана.

Сентябрь 2001 г.

惦记

惦记是一首
颤动的诗
从你那一头
牵动了
我的心扉

惦记也是一缕
长长的思念
纵然千斤重担压下来
也压不断
这绵绵的线

2000 年 10 月

Скука

Скука является
Дрожащим стихотворением,
С твоей стороны
Связанное
С моим сердцем.

Скука является ещё
Длинным-длинным воспоминанием,
Даже одна огромная гора
Не смогла разорвать
Эту мягко-нежную линию.

Октябрь 2000 г.

落花

是梦？是花？
从我的枝头上飘落了
篱下，是我的家吗？

不知道花落谁家
我找不到我自己的踪影
2004 年 11 月

Падающие цветы

Это сон? Это цветы?
С моих веток осыпаются лепестки,
Возле изгороди стоит ли мой дом?

Неизвестно, в чьи дворы падают цветы,
Не могу отыскать свою бывшую тень.

Ноябрь 2004 г.

家

当我远走他乡
思念织成了密密的网
家，兜在我的网袋中

Дом

Когда я ушёл в далёкие края,
Тоска сплела сеть для моего тела,
Носил свой дом в этой сетке.

井

月亮掉进我记忆的井中
捞起来
一个破碎的梦

Колодец

Луну уронил в колодец памяти,
Выловил
Разбитый сон.

失眠

声音沙沙地走来了
却不见人影
形体渐渐愈合了
忽化作烟云

列车从额头上开过

Бессонница

Приблизились шуршащие шаги,
Но не видно ни души,
Тело, постепенно выздоравливая,
Вдруг превратилось в дым.

Поезд проехал по моему лбу.

从来没有对你说过……

有很多很多的快乐
从来没有对你说过
我在寂寞的湖心荡舟
周围响起亢奋的心波

有很多很多的愁烦
从来没有对你说过
我在繁华的闹市徜徉
悲凉扼住了我的咽喉

有很多很多的疑惑
从来没有对你说过
总是无愁强说愁
常把喜悦藏心窝

有很多很多的想法
从来没有对你说过
纷乱的思绪理不出头绪
跌宕的心情找不到出口

Никогда тебе не высказывал

У меня много-много веселья,
Никогда тебе не рассказывал:
На тихом озере катался на лодке,
Кругом плескались радостные волны.

У меня много-много томлений,
Никогда тебе не рассказывал:
Ходил я по шумным улицам,
В горле стоял ком унылого чувства.

У меня много-много сомнений,
Никогда тебе не рассказывал:
Без тоски всегда говорю о тоске,
Часто запрятав сердечную радость.

У меня много-много мыслей,
Никогда тебе не рассказывал:
Тревожные мысли не могу привести в порядок,
Взволнованность моя не находит выхода.

花落的声音

——给邵燕祥

一棵花落的树
花是怎样开的记不清楚了
花落的时候
落在我的头上
落在你的头上
落在他的头上
都是一样的痛
享受过花落的淋漓……痛，
是最好听的声音

Звук падающих цветов

– Поэту Шао Яньсяну

Дерево, роняющее цветы
Уже не помнит, как цветы его расцветали,
Когда цветы падали,
Лепестки цветов осыпались –
Над моей головой,
Над твоей головой,
Над его головой,
Все мы чувствовали одинаковую боль,
Наслаждаясь дождём облетающих цветов,
Наслаждаясь страданием...
Тот звук был самым приятным звуком.

八十自寿

小时候，面对门前的大山
胆怯的我问自己
我能爬上去吗？
今天，我毫不费力地登上了
八十岁的大山，这小孩
怎么一瞬间变成老爷爷了……

К восьмидесятилетнему себе

В детстве пред высокой горою
Робко спрашивал самого себя:
Смогу ли я взойти на её вершину?
Сегодня без какого-либо труда
Взобрался на восьмидесятилетнюю гору.
Как же мальчик вмиг
превратился в старого дедушку?…

Перевели с китайского
Алексей Филимонов и Гу Юй

邵燕祥，著名诗人、作家，1933年出生于北京。主要诗集有《歌唱北京城》《到远方去》《献给历史的情歌》《迟开的花》《邵燕祥抒情长诗集》等。

记忆

记忆说：
我是盐。
别怨我
撒在你的伤口上，
让你痛苦。

把我和痛苦一起咽下去——
我要化入你的血，
我要化入你的汗，
我要让你
比一切痛苦更有力。

Шао Яньсян, известный поэт, писатель, родился в 1933 г. в городе Пекин. Главные сборники стихотворений: «Пою Пекин», «В далекий край», «Любовные лирики к истории», «Поздно цветущий цвет», «Лирические поэмы поэта Шаояньсяня» и др.

Память

Память сказала:
Я – соль.
Не злись на меня!
Растравляю раны твои,
Оттого ты страдаешь.

Так глотай же в муках меня –
Я в крови твоей разойдусь,
Я в поту твоём растворюсь,
Сделав этим тебя
сильней страданий и мук.

善良的心啊

善良的心啊
你要拥抱一切人吗?

他
会以拥抱你的手
猝然掐紧你的咽喉
登时把窒息的你
掷翻在地

О, доброе сердце

О, доброе сердце,
Ты хочешь их всех обнять?

А он
Обхватив твои руки,
Вдруг схватит тебя за горло
И тут же бросит тебя
Бездыханного наземь!

断句

走在
秋天的田野上
我问老托尔斯泰：

一切
成熟了的
都必须低垂着头么？

1987 年 2 月 23 日

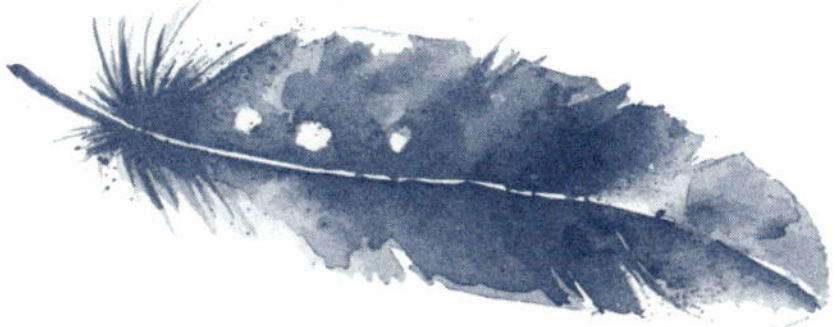

Разбиение фразы

Подхожу
По осеннему полю
С вопросом к старому Льву Толстому:

Всё
Уже созрело
Так нужно ли вешать голову?

23 февраля 1987 г.

嫉妒

一棵树看着一棵树
恨不能自己变成刀斧
一根草看着一根草
甚至盼望着野火延烧
1982 年 8 月 21 日

Зависть

Дерево смотрит на дерево
Хочет сделаться топором
Травинка глядит на травинку
Ждёт, что в поле начнётся пал
21 августа 1982 г.

拟哈姆莱特

是人？是畜类？
这还是一个问题
1986 年元旦

Подражание Гамлету

Быть человеком ли, скотиной?
Вот в чём вопрос.

1 января 1986 г.

倔强

从地狱出来，
便不再有恐惧，
如摒绝了天堂，
也便永远不回去。

——要这一股
倔强劲。

Упорство

Выйдя из самого Ада,
Не испугаюсь опять,
Раз отказавшись от Рая
Больше туда не вернусь.

– Вот какую хочу
Силу упорства!

Перевели с китайского
Борис Мещеряков и Гу Юй

晓雪，原名杨文翰，白族诗人、诗歌评论家，1935 年出生于云南大理。著有诗集《祖国的春天》《采花节》《爱》《晓雪爱情诗选》《绿叶之歌》《茶花之歌》等。

浑圆的爱

凡事有始有终，
只有爱——我对你的爱，
是浑圆的、浑圆的，
没有终极，没有起点，
它是天、是地、是大海……

凡事都有时限，
只有爱——我对你的爱，
是永恒的、永恒的，
不分日夜，不分季节，
它是过去、现在和未来……

Сяо Сюэ, псевдоним Ян Вэнханя, поэт, национальности Бай, родился в 1935 году в городе Дали провинции Юньнань. Выпустил сборники «Весна Родины», «Праздник собирания цветов», «Любовь», «Любовная лирика Сяо Сюэ», «Песня зеленого листа», «Песня чайного цвета» и др.

Круглая любовь

Всё имеет и начало и конец,
Только любовь – моя любовь к тебе
Совершенная, круглая,
Нет в ней начала, нет конца,
Небом, землей, морем является она...

Всё имеет ограниченный срок,
Только любовь – моя любовь к тебе
Вечная, безграничная,
Не различает дня и ночи, не различает сезонов,
Прошлым, настоящим и будущим является она...

思念

思念，
像一片水，
一片烟雨迷蒙的水，
每时每刻都在上涨，
如果每小时涨一寸，
到我们相聚的日子，
它该有多深？
深深的海洋啊，
够你畅游一生！

Тоска

Тоска,
Как вода,
Под туманом и дождём – вода,
Она прибывает с часами и минутами.
Если по часу поднимается на один *цунь*[1],
До дня нашей встречи,
Какова её глубина?
О, глубокое-глубокое море.
Всей жизни достаточно, чтобы плавать в нём!

1. Цунь (寸): единица в традиционной китайской системе измерения длины. Цунь равен 1/30 метра (≈ 3.33 см).

时间

无声无色无味
无形无影无量
无孔不入无处不在
一去不返源源不绝

既不是物质
也不是精神
但一切物质和精神
都同它不可能分开
无始无终无穷无尽
永不停息永不枯竭
是非真伪由它裁决
真理谬误靠它检验

过去现在未来
什么真正不朽
哪样永远存在
时间，只有时间

Время

Беззвучно, бесцветно, безвкусно,
Бесформенно, бесследно, невесомо,
Проникает во все углы, везде бывает,
Ушло необратимо, течёт непрерывно.

Оно не вещество,
Также не дух.
Но все вещества и души
Соединяются нераздельно с ним.
Без начала, без конца, неисчерпаемо,
Никогда не останавливается,
Его судом различаются правда и ложь,
На истинность или ошибку проверяет оно.

В прошлом, настоящем и будущем
Действительно бессмертно,
Пребывающее вечно,
Время, только время.

火山口

地心压抑太久的愤怒，
多少万年前有过一次喷发；
火焰冲天，岩浆奔流，
不知毁灭了多少森林鸟兽。

我沿着火山口走了一圈，
如今却是苍松翠柏郁郁葱葱，
顽强的生命钻出喷过火的土壤，
灾难之后大地又是一派欣欣向荣。

2008 年冬

Кратер вулкана

Гневность внутри земли долго была угнетенной,
Десятки тысячи лет назад она однажды извергался;
Пламя рвётся в небо, магма бурно течёт,
Не перечесть уничтоженных лесов, птиц, зверей.

Я обходил вокруг кратера вулкана,
Теперь там зелёные сосны возносятся пышно и роскошно,
Упорные травы выросли из обожжённой почвы,
После бедствия разрастается бурное цветение.

Зима 2008 г.

两行诗

一

所有的灯都熄了，
只有我的心亮着。

二

最好的诗不是写在纸上，
而是写在人们的心里。

Двустишия

1

Все лампы угасли,
Сверкает лишь моё сердце.

2

Найлучшие стихи – не на бумаге,
Они написаны в сердцах людей.

三

字把诗落在纸上，
诗使字变成珍珠。

四

陶潜的菊花开了一千六百多年，
至今仍香在人们的心上。

3

Иероглифы перевели стихи на бумагу,

Стихи превратили иероглифы в жемчуга.

4

Хризантемы Тао Цяня[1] расцветают 1600 лет,

Аромат их до сих пор в сердцах людей.

1. Тао Юаньмин (365 – 427), китайский поэт династии Цзинь.

五

为了这一声春雷，
我们准备了整整一个冬天。

六

人会老而诗心不老，
海有边而诗人的爱无边。

5

Ожидая грома весны,

Мы готовились всю зиму.

6

Человек стареет, сердце поэзии не стареет.

Море замкнуто, а любовь поэта безгранична.

七

为了听鸟儿歌唱，
树的每一片叶子都是耳朵。

八

世上不能止步的是时间，
无法囚禁的是心灵。

7

Чтобы слушать пенье птиц,
Каждый лист дерева подобен уху.

8

На свете нельзя остановить его шаг – это время,
Невозможно заключить в тюрьму – это сердце.

九

文字活在诗里，
变成了爱的星星。

十

你的歌声是玫瑰花，
我的耳朵变成了蝴蝶。

9

Иероглифы живут в поэзии,
И превращаются в звёзды любви.

10

Твоя песня – цветок розы,
Мои уши стали бабочками…

Перевели с китайского
Алексей Филимонов и Гу Юй

云鹤（1942—2012），原名蓝廷骏，华侨诗人，出生于菲律宾首都马尼拉。1988年加入中国作家协会。著有诗集《忧郁的五线谱》《秋天里的春天》《野生植物》等。

野生植物

有叶
却没有茎
有茎
却没有根
有根
却没有泥土

那是一种野生植物
名字叫
华侨

1985年

Юньхэ (1942–2012), псевдоним Лань Тинцзюня, китайский поэт-эмигрант. Родился в столице Филиппина – Маниле. Член Союза писателей Китая с 1988 года. Опубликовал сборники стихов: «Грустный нотоносец», «Весна в осени», «Дикое растение» и др.

Дикое растение

Имея листья,
оно лишено стебля.
Имея стебель,
оно лишено корня.
Имея корень,
оно лишено почвы.

Растёт попросту, где придётся
Зовётся оно:
хуацяо[1].

1985 г.

1. *Дословно: "китайский переселенец"– этим словом называют всех выходцев из Китая, проживающих в других странах, а также их потомков.*

乡愁

如果就写一首诗
就写乡愁
且不要忘记
用羊毫大京水
用墨
研得浓浓的
因为
写不成诗时
也好举笔一挥
用比墨色浓的乡愁
写一个字——
家

Ностальгия

Если необходимо написать стихотворение,
вот и пиши про ностальгию,
и не забывай употребрять
большую кисть из овечьего волоса
напитать чёрную тушь,
развести её густо-густо
потому что,
коли стихов не напишешь,
то можешь, кисть подняв,
густою, как тушь, ностальгией
вывести иероглиф –
дом.

云渡

宛如晨钟暮鼓
敲碎一山沉寂
你的笑声在我心中刻碑
四月，四月如水……

Облачная переправа

Как утренний колокол и барабан вечерний
разбивают вдребезги гор тишину,
так твой смех высек след на плите моего сердца.
Апрель, апрель – он, как вода...

一叶

去年的夏很短，
当我正在谎言里漂泊，
轻轻地，
汲水的少女踏着青苔的路走来。
她向我的心，
投下了长长的五彩绳。
就这样，
我染上了季节性的忧郁症。

Один лист

Прошлогодним летом, когда недолго
среди лжи и обмана я скитался,
тихо-тихо
по мшистой тропинке шла за водою девочка.
Она кинула моему сердцу
длинную многоцветную веревку.
И вот так
я подхватил сезонную меланхолию.

光

无诗之夜，枕着烦躁
一盏灯，微弱的光
竟千斤般重了
推开窗
像一群窜飞的惊雀
光，扑入黑夜
被释放了的光
是恒存于宇宙里
被释放了的生命

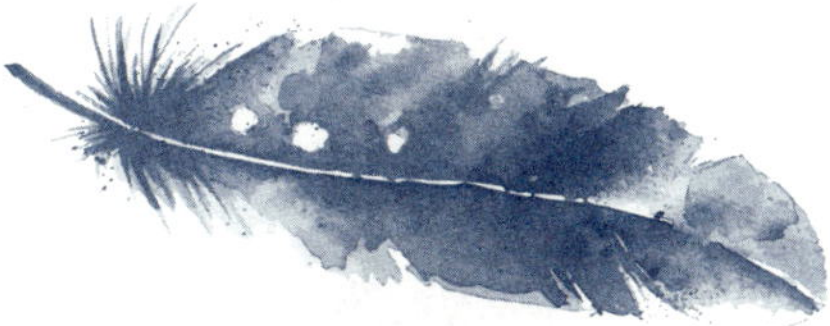

Свет

Ночь без стихов, ворочаюсь на подушке.
Горит лампа, слаб её свет.
Огромная тяжесть на меня навалилась.
Открыл окно,
и стайкой испуганных воробьев
свет упорхнул в темноту
– Освобождённый свет,
так постоянно в космосе существует
освобождённая жизнь.

Перевели с китайского
Борис Мещеряков и Гу Юй

唐绍忠，诗人，生于1946年，1968—1978年当铸工。1982年天津师范大学中文系毕业。已出版诗集《枕下集》《俯拾集》《止水集》等。

续《史记》•夜书

同一个房间
强者躺下便打鼾
弱者躺下便听鼾
强者呼天抢地酣畅淋漓
弱者辗转反侧反侧辗转

强者一枕黑甜
弱者耿耿难眠

夜的丢失　夜的霸占
人生伊始　亘古未变
强者享受现实
弱者享受明天

Тан Шаочжун, поэт, родился в 1946 г. Работал на заводе с 1968 до 1978 года. Окончил факультет китайского языка Педагогического университета города Тяньцзиня в 1982 г. Издал сборники «Под подушкой», «Достижимое», «Стоячие воды» и др.

Продолжение «Исторических записок»· Сложил среди ночи

Номер был один на двоих
Сильный заснул и начал храпеть
Слабый лежал, слушая храп
Сильный храпел заливисто, сочно
Слабый ворочался с боку на бок

Сильный спал сладко и крепко
Слабый в тревоге не мог заснуть

Ночь потеряна Ночь присвоена
Жизнь человеческая неизменна
Сильному – нынешняя реальность
Слабому – будущая надежда.

不会有人来

请放心，不会有人来
宁静是属于你的
尽管门外人来人往
尽管走廊寒暄嚷嚷
不会有人来敲门
不会有人来推门
除非是走错

请放心，现在连走错的都少了
人们很是熟悉门户

Никто не придёт

Не беспокойся, никто не придёт
Тишина достанется только тебе
Хотя за дверьми вереницы людей
Хотя в коридорах крики и гвалт
Никто не придёт постучаться в дверь
Никто не придёт дверь отворить
Разве лишь тот, кто ошибся дверью

Не беспокойся, теперь мало кто ошибается
Все знают точно, где чья дверь

屏蔽

眯着眼睛
只留一点缝隙
让宁静进入
让纯净进入

捧一本书
挡住窗外强烈的光
屏蔽四面而来的喧响
让心静静地纳凉

Прикрытие

Прикрою веки
Оставив лишь узкие щелки
Пусть в них войдёт тишина
Пусть в них войдёт чистота

Возьму в ладони книгу
Заслонюсь от яркого света
Прикроюсь от громкого шума
Пусть сердце тихо дышит прохладой

Перевели с китайского
Борис Мещеряков и Гу Юй

食指，原名郭路生，1948年出生，诗人，中国作家协会会员。出版诗集有《相信未来》《食指诗选》等。

疯狗
——致奢谈人权的人们

受够无情的戏弄之后，
我不再把自己当人看，
仿佛我成了一条疯狗，
漫无目的地游荡人间。

我还不是一条疯狗，
不必为饥寒去冒风险，
为此我希望成条疯狗，
更深刻地体验生存的艰难。

我还不如一条疯狗！
狗急它能跳出墙院，
而我只能默默地忍受，
我比疯狗有更多的辛酸。

假如我真的成条疯狗
就能挣脱这无情的锁链，
那么我将毫不迟疑地，
放弃所谓神圣的人权。

1978年

Ши Чжи, псевдомим Го Лушэна. Родился в 1948 году. Поэт, член Союза писателей Китая. Изданы сборники стихотворений: «Вера в будушее», «Избранные стихотворения Ши Чжи» и др.

Сумасшедшая собака

– Людям, щедро говорящим о правах человека

После безжалосных ироний
Больше не стал себя считать человеком,
Я, как сумасшедшая собака,
Безцельно блуждаю по свету.

Не надо авантюриться из-за голода и холода,
Так что я ещё не сумасшедшая собака.
Поэтому надеюсь стать сумасшедшей собакой,
Чтобы ещё глубже испытать тяжесть бытия.

Я живу хуже сумасшедшей собаки.
Она может прыгнуть через стену больницы,
А мне вынужденно молчаливо терпеть,
У меня больше, чем у неё, страданий.

Если бы я стал сумасшедшей собакой,
Вырвался бы от этой жестокой цепи,
Тогда без малейшего калебанья буду бросить
Так называемо святое право человека.

1978 г.

落叶与大地的对话

落叶说：为了归根我才飘落
轻轻的不曾碰伤损害些什么
而人们仍在我身上随意践踏
竟然使我受这样的凌辱和折磨

“你看，在我身上万物生长，
而我呢，”大地说，“却日益贫困瘠薄
看来你终究知道点什么是幸福
不然你的话语怎这么尖刻！”

落叶不再说什么
而我却明白了许多

1985 年 7 月 27 日

Диалог между опавшим листьем и землей

Опавшее листье сказало; тихо слетало с дерева,
Не принесло никому ущерб,
А люди топтали меня безжалостно,
И мне пришлось терпеть оскорбленья.

Ответила земля: Смотри, на мне растут всяческие растения,
А я со днём становлюсь бедней и тощей.
Видно, ты всё-таки знаешь что-то о счастье,
А то ты не можешь говорить так едко

Больше ничего не сказало опавшее листье,
А я понял много.

27 июля 1985 г.

愿望

我曾经有一个美好的愿望
把秋天的原野裁成纸张
用红的高粱、黄的稻谷
写下五彩斑斓的诗章

可是没等收完庄稼
我的手稿已满目荒凉
只在狂暴的风雪过后
白纸上才留下脚印数行

1983 年

Желанье

У меня было доброе желанье
Превратить осеннее поле в бумагу
Красным гаоляном и жёлтым рисом
Написать многоцветное стихотворенье

Однако ещё не собрали хлеба
Моя рукопись стала глухой
Только после бурной метели
В белой бумаге остались следы шагов

1983 г.

Перевели с китайского
Борис Мещеряков и Гу Юй

北岛，原名赵振开，1949 年生于北京，中国当代著名诗人，朦胧诗代表人物之一。现生活于中国香港。

回答

卑鄙是卑鄙者的通行证，
高尚是高尚者的墓志铭，
看吧，在那镀金的天空中，
飘满了死者弯曲的倒影。

冰川纪过去了，
为什么到处都是冰凌？
好望角发现了，
为什么死海里千帆相竞？

我来到这个世界上，
只带着纸、绳索和身影，
为了在审判前，
宣读那些被判决的声音。

Бэй Дао, псевдоним Чжао Чжэнькая, родился в 1949 году в Пекине. Один из представителей туманной поэзии. Самый значительный современный китайский поэт. Теперь живёт в городе Гонгонге Китая.

Отповедь

Низкие всюду проберутся низами,
достойным оставив могильный камень.
Небо золотится, не скрытое тучами,
а там полно трупов замученных.

Ледниковый период исчез навсегда,
с чего ж ещё дыбятся глыбы льда?
Доброй Надежды мыс уже виден,
а из моря мёртвых не ушли флотилии.

Мир, я встану перед тобой
с бумагой, петлей, с не убитой душой –
провозгласить на суде манифест
за тех осужденных, кого уже нет.

告诉你吧，世界
我——不——相——信！
纵使你脚下有一千名挑战者，
那就把我算作第一千零一名。

我不相信天是蓝的，
我不相信雷的回声，
我不相信梦是假的，
我不相信死无报应。

如果海洋注定要决堤，
就让所有的苦水都注入我心中，
如果陆地注定要上升，
就让人类重新选择生存的峰顶。

新的转机和闪闪星斗，
正在缀满没有遮拦的天空。
那是五千年的象形文字，
那是未来人们凝视的眼睛。

И я заявлю тебе, мир:
НЕ–ВЕ–РЮ !
Если тысячу непокорных ты растопчешь, –
я стану тысяча первым!

Не верю голубизне небес,
не верю громовым раскатам,
не верю в несбыточность грёз
и что за убиенных не будет расплаты.

И если дамбу прорвёт лавина,
в моей душе пусть осядет тина,
а когда континенты вздыбимы,
род людской вновь взойдёт на вершину.

И снова – катарсис! Звёздный свет
разгонит скрывающие небо тучи.
Каждый пиктограф пять тысяч лет о том вопиет,
этого ждёт Человек Грядущий.

宣告

——献给遇罗克

也许最后的时刻到了
我没有留下遗嘱
只留下笔，给我的母亲
我并不是英雄
在没有英雄的年代里
我只想做一个人

宁静的地平线
分开了生者和死者的行列
我只能选择天空
决不跪在地上
以显出刽子手们的高大
好阻挡自由的风

从星星的弹孔里
将流出血红的黎明

Манифест

– Посвящается Юй Локэ[1]

В предсмертный час
я завещаний не оставлю,
лишь матушке своей черкну:
я вовсе не герой
и в годы без геройства
хочу быть просто человеком.

Притихший горизонт –
черта между живым и мёртвым,
и я предпочитаю Небеса,
чтоб ниц не пасть
пред душегубом, вознесенным
преградой веяньям свободы.

Из ран твоих багровыми звездами
сверкнет нам окровавленный рассвет.

1 Юй Локэ (1942 –1970), герой погибший за правду.

走吧

走吧，
落叶吹进深谷，
歌声却没有归宿。

走吧，
冰上的月光，
已从河床上溢出。

走吧，
眼睛望着同一片天空，
心敲击着暮色的鼓。

走吧，
我们没有失去记忆，
我们去寻找生命的湖。

走吧，
路啊路，
飘满了红罂粟。

Пойдём!

Пойдём!
Листья устлали глубокие пади,
и нашу песню никто не подхватит.

Пойдём!
Лунный луч, скользнув по замёрзшей реке,
исчезает на перекате.

Пойдём!
Мы все видим единое небо,
пульс барабаном ночным лихорадит.

Пойдём!
К озеру, где ещё теплится жизнь,
мы ведь пока не утратили память.

Пойдём!
Ах, дороги, дороги,
ядовитыми маками всё кровавят!

一切

一切都是命运
一切都是烟云
一切都是没有结局的开始
一切都是稍纵即逝的追寻
一切欢乐都没有微笑
一切苦难都没有泪痕
一切语言都是重复
一切交往都是初逢
一切爱情都在心里
一切往事都在梦中
一切希望都带着注释
一切信仰都带着呻吟
一切爆发都有片刻的宁静
一切死亡都有冗长的回声

Всё

У всего на свете – своя судьба,
всё на свете – только мираж,
всем началам нет завершенья,
все искания – лишь эфемерность,
все веселья не знают улыбки,
все страданья не ведают слёз,
все слова – лишь чужие речи,
все общенья – лишь первые встречи,
вся любовь – это только мечтанья,
всё былое – одни сновиденья,
все надежды ждут объясненья,
всякой вере даны стенанья,
всякий взрыв знает миг затишья,
все убийства – вам отзовутся.

在我透明的忧伤中

在我透明的忧伤中
充满着你，仿佛绿色的夜雾
缠绕着一颗孤零零的小树
而你把雾撕碎，一片一片
在冰冷的手指间轻轻吸吮着
如同吸吮结成薄衣的牛乳
于是你吹出一颗金色的月亮
冉冉升起，照亮了道路

В светлой грусти моей

В светлой грусти моей
только ты, зеленеющим маревом ночи
моё сирое древо обвито,
это марево рвёшь ты в клочья,
растираешь перстами мёрзлыми
в бледно-туманное млеко,
и из уст твоих диск золотистой луны
возникает, мой путь озарив.

Перевели с китайского
Сергей Торопцев и Гу Юй

芒克，原名姜世伟，1950年生于沈阳，朦胧诗代表人物之一。著有诗集《心事》《阳光中的向日葵》《今天是哪一天》等。现居北京。

春天

太阳把它的血液
输给了垂危的大地
它使大地的躯体里
开始流动阳光
也使那些死者的骨头
长出绿色的枝叶
你听，你听见了吗
那些从死者骨头里伸出的枝叶
在把花的酒杯碰得叮当响

这是春天

Ман Кэ, псевдоним, настоящее имя Цзян Шивэй. В 1950 году родился в городе Шэньяне. Один из представителей туманной поэзии. Печатали сборники «Задушевные дела», «Подсолнечник под лучом солнца», «Какой день сегодня?»и др. Теперь живёт в Пекине.

Весна

Солнце перелило свою кровь
Земле тяжело больной.
В теле земли
Начал течь солнечный луч.
И растут зелёный ветви и листья
Из костей умерших людей.
Слушай, слышишь ли ты?
Ветви и листья из костей покойных
Стучат рюмками цветов.
Они звучат как колокольчики.

Это весна.

清晨

清晨
刚刚下过一场雨
我抬头看见
那已拭去泪珠的云
还一动不动地卧在床上
它肚子大大的
如同临产的孕妇
太阳还没有露出头来
太阳就像是它的
还没有出生的孩子

我由此而想到它的孩子
想到日出
太阳同血一道流出来
想到产后的女人
突然感到一身轻松
想到太阳被抱在我的怀里
那模样我连看也没敢看
想到我抱着太阳走回家去……

清晨
刚刚下过一场雨

Ранним утром

Ранним утром
Только что прошёл дождь,
Подняв голову, я вижу
Туча, вытерев слёзы,
Неподвижно лежит на кровати.
Её большой живот вспучён,
Как у беремённой перед родами.
Голова солнца ещё не высунута,
Оно как дитя тучи,
Оно ещё не родилось.

И я думаю о ребёнке тучи,
Думаю о взхоте,
Солнце родилось со кровью.
Думаю о жинщине после рода,
Вдруг чувствую себя лёгким.
Кажется мне
Солнце в моём объятии,
Смотреть в его лицо не посмею.
Я несу солнце в руках и бегу домой.

Ранним утром
Только что прошёл дождь.

Перевели с китайского
Борис Мещеряков и Гу Юй

顾城（1956—1993），诗人，著名诗人顾工之子，出生于北京，朦胧诗代表人物之一。后来移居新西兰，在那里自杀身亡。出版有诗集《黑眼睛》《顾城诗选》等。

远和近

你
一会看我
一会看云

我觉得
你看我时很远
你看云时很近

Гу Чэн (1956–1993), поэт, сын известного поэта Гу Гуна. Родился в Пекине. Один из представителей туманной поэзии. Позднее эмигрировал в Новую Зеландию, где покончил жизнь самоубийством. Опубликованы следующие сборники его стихов: «Чёрные глаза», «Стихотворения Гу Чэна» и др.

Далеко и близко

Ты
смотришь то на меня
то на облако смотришь

Мне кажется
когда на меня смотришь, ты – далеко
а когда – на облако, ты – близко

一代人

黑夜给了我黑色的眼睛
我却用它寻找光明

Поколение

От ночи тёмной – мои глаза темны
А всё ж я ими света ищу

雨行

云　灰灰的
再也洗不干净
我们打开雨伞
索性涂黑了天空

在缓缓飘动的夜里
有两对双星
似乎没有定轨
只是时远时近……

Дождь идёт

Тучи грязно-серы
больше с них эту грязь не смыть
Мы открыли зонты
тогда уж пусть почернеет небо

В ночи, наплывающей неспешно
пара двойных звёзд
как будто не по своим орбитам
а то отдаляясь, то приближаясь

感觉

天是灰色的
路是灰色的
楼是灰色的
雨是灰色的

在一片死灰中
走过两个孩子
一个鲜红
一个淡绿

Чувство

Небо грязно-серое
Дорога грязно-серая
Дома грязно-серые
Дождь грязно-серый

Среди пепельной смертной серости
Двое детей прошли
Один в ярко-красном
Другая в светло-зелёном

弧线

鸟儿在疾风中
迅速转向

少年去捡拾
一枚分币

葡萄藤因幻想
而延伸的触丝

海浪因退缩
而耸起的背脊

Криволинейность

Птицы полёт изломан
в порывах сильного ветра

Мальчик низко нагнулся
с земли подобрать монетку

Лоза в мечтах об опоре
в пространство усики тянет

Волна, откатилась в море
и вновь выгибает спину

小巷

小巷
又弯又长

没有门
没有窗

我拿把旧钥匙
敲着厚厚的墙

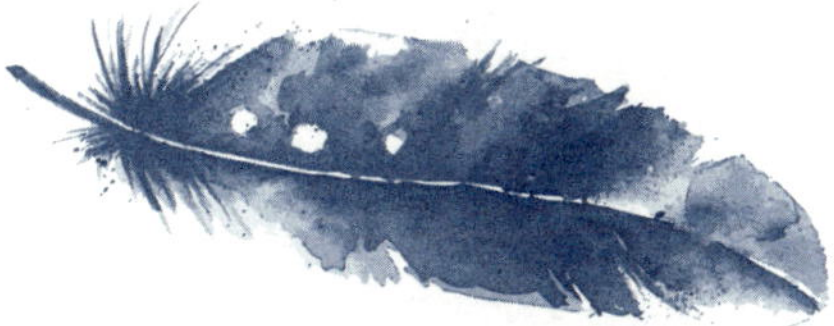

Переулок

Переулок
он извилист и длинен

В нём не найдёшь
ни дверей, ни окон

Я старым ключом своим
стучу в толстую-толстую стену

Перевели с китайского
Борис Мещеряков и Гу Юй

许向诚，诗人，中国作家协会会员，1953 年生于天津郊区农村。著有诗集《葱叶笛》《泥土之惑》《风、鸟和遗花》《许向诚诗选》等。

收割

稻子弯下了腰
稻农也弯下了腰
这丰收的仪式
是从相互致敬开始

Сюй Сянчэн, поэт, член Союза писателей Китая, в 1953 году родился в деревне неподалёку от города Тяньцзиня. Издал сборники поэзии «флейта из лугового листа», «Недоумение от земли», «Ветер, птица и падавший цвет», «Избранные стихотворения поэта Сюй Сянчена» и др.

Жатва

Вызревший рис согнулся до пояса,
Крестьянин тоже согбен в поясе,
Церемония сбора урожая начинается
С поклонения друг другу.

土地

祖父说土地是个女人
种什么就生什么
祖母说土地是个男人
长什么就吃什么

我把手像根似地插入土里
寻找祖辈们没有找到的东西

Земля

Дед сказал,что земля—это женщина,
Что посеет, то и растет.
Бабка сказала, что земля—мужчина,
Что растет, тем и питается.

Мои руки, как корень, воткнуты в землю,
Ищут то, что не нашли деды и прадеды.

人啊，人！

一只眼睛紧闭
一只眼睛圆睁
有些时候
一只眼睛看得
更准　更清

上唇是肉
下唇也是肉
老了老了才明白
嘴呀
是愈合不了的伤口

用自己的一只手
和别人的一只手
经常热烈地握手
而另一只手
却冷得发抖

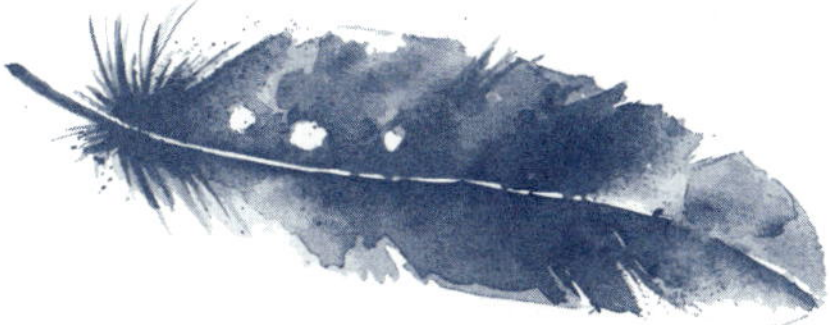

Человек, о человек!

Один глаз закрыт плотно,
Другой открыт округло.
Порой
Видеть одним глазом
Точнее и яснее.

Верхняя губа—мясо
Нижняя губа—тоже мясо,
Только в старости понял:
Ох, мой рот—
Не заживающая рана.

Одна рука
Руку встречного
Радостно пожимает,
А другая рука
Дрожит от холода.

Перевели с китайского
Алексей Филимонов и Гу Юй